입보리행론

샨띠데바의

입보리행론

入菩提行論

보살행에 들어가는 길

샨띠데바 지음
청전 스님 옮김

담앤북스

이 한자리에서 25년이다. 모든 인연이 달라이 라마의 은덕으로 시작되었음은 말할 것도 없다.

1987년 5월 인도 순례를 떠나왔다. 달라이 라마 성하의 한 달 안거가 끝나기를 고집스럽게 기다리다 마침내 안거가 끝난 다음 날인 8월 1일 친견할 수 있었다. 그날의 인연이 지금까지 한 한국 비구의 수행 길로 이렇게 이어질 줄을 누가 생각이나 했겠는가.

많은 질문과 함께 귀한 답을 주시며 나에게 몇 권의 책을 주셨는데 그 가운데 한 권이 바로 이 『입보리행론入菩提行論』이다. 영어로 번역된 책이었는데 당시 나는 한국적인 수행 풍토에만 젖어 있었기에 책 속에 있는 '보리심'이라든가 '보살행'이란 말이 크게 와 닿지는 않았었다.

이곳 한자리에서 줄곧 25년 동안을 달라이 라마 곁에서 수행해 오면서 당신의 수많은 법회에 참석하여 법문을 들어 왔고 많은 통역도 해 왔다. 그러던 중에 티베트 불교와 부처님 법 안의 핵심인 보리심과 공성에 대한 폭넓은 의미와 사상을 바르게 새길 수가 있었다. 그러면서 티베트 불교에서 수행의 터전으로 왜 보리심을 강조하는지를 알아차리게 되었다.

그러던 와중에 2003년 겨울, 고맙고도 감사하게 달라이 라마께서 한국인을 위한 법회를 결정하셨는데 그 교재가 바로 『입보리행론』이었다. 당연히 한국의 불자들은 환희로움을 느꼈는데 나는 한편 누구나가 쉽게 지니고 읽을 이 논서를 번역해야 할 의무도 지니게 되었다. 하지만 그때까지 티베트 원전에서 우리말로 번역한 어떤 경론서도 없었다. 급했지만 많은 분들의 도움으로 역자는 번역을 할 수 있었고, 이 책과 함께 2003년 겨울에 첫 한국인을 위한 달라이 라마의 법회를 개최할 수 있었다. 달라이 라마께서는 3년에 걸쳐 이 논서로 법문을 해 주셨다.

번역을 하면서 원전에 충실해야 함을 원칙으로 삼으면서 그 느낌을 제대로 전달하기 위해 티베트 고유의 시적인 정서도 살리려고 애를 썼다. 원본은 이곳 티베트 망명정부 소속인 '세릭 빠르캉'에서 출간된 1990년도 판을 그대로 사용했다.

여기서 한 가지 밝혀 두어야 할 것은 제9장의 난해함이다. 의미도 문제지만 게송 하나하나에 대한 질문, 답변, 반론의 흐름을 제대로 알지 못하면 도대체 무슨 말을 하려는지 알기가 힘들다. 이곳에서 함께 공부해 오던 명중당明中堂 최연철 박사의 도움 아래 겨우겨우 번역해 낼 수 있었다. 역자는 불교학이나 인도철학에 대한 전문적인 지식이 없었기 때문에 이 분야의 지식엔 한계가 있고 부족하다. 최 박사는 동국대학교나 인도에 와서 이 분야를 계속해서 공부해 오신 분이다. 티베트어의 모태인 산스크리트본 대조에까지도 도움을 주었다.

최 박사의 도움을 받으며 이 논서에 어떤 개인적인 견해를 덧붙이면 안 된다고 생각하며 고치고 고쳐 이 정도의 우리글로 완성했다. 이 숭고한 논서의 깊은 뜻을 본인의 부족한 티베트어 실력으로 완전하게 풀었다고 생각하지는 않는다. 훗날 더 좋은 번역이 나오기를 바란다. 그러나 역자로서는 이 논서의 번역으로 근 10년에 걸친 티베트 최고의 논서 『람림 첸모』를 전부 번역하는 계기를 얻기도 했다.

이번에 책을 다듬고 보완하여 새로운 출판사에서 내기로 했다. 처음 책을 펴낸 때로부터 근 10년이 지났고, 그 안에 역자 나름대로 교정을 많이 했기에 이번 새로운 출판은 더욱 의미가 있으리라 본다.

특히 이 논서를 읽을 때 한 가지를 유념할 것은, 아래 한 부분은 머리로 읽지 말고 꼭 입으로 소리 내어 읽어 보기를 권한다. 즉, 논서 2장 1절부터 3장 22절까지이다. 2004년으로 기억되는데 법문 중 달라이 라마께서 한국의 전통 목탁을 치며 이 부분을 읽어 나가도록 했다. 마지막엔 법회에 참석한 모두가 그 감응과 감동으로 제대로 읽어 나가지 못하고 울면서 독경을 마쳤다. 그만큼 이 구절을 소리 내어 읽을 때는 예불이나 부처님 찬탄과 자기 발원 참회 등등이 아우러지는 깊은 감동을 경험하리라 본다.

지금까지도 부족한 한국인 비구 제자를 늘 자비로 섭수해 주신 달라이 라마 어른스님께 감사 올리며, 이 책을 다시 손질하여 펴내는 담앤북스출판사 제위께 감사한다.

모든 생명 가진 이
마음 편하고 기쁨 속에 사시기를 기원 드리면서

2013년 히말라야 봄 입구에, 비구 청전 합장

1. 샨띠데바의 생애

샨띠데바(Śāntidave, 寂天) 스님은 7~8세기경 인도 나란다 대학에서 대승의 중요 사상을 널리 선양한 중관학자였다.

남인도 사우라아슈트라국의 왕자로 태어났다. 어느 날 꿈에서 문수보살을 친견했을 때 "왕의 자리는 지옥과 같다."라는 말을 듣고 왕위 계승에 회의를 품게 된다. 드디어 왕위를 계승하기 전날 밤 왕궁을 몰래 나와 나란다사(대학)에 가서 비구가 되었다.

많은 큰스님 밑에서 폭넓게 수학하면서, 은밀히 삼매를 닦으며 무위행無爲行에 들어갔다. 그래서 겉으로는 항상 먹고, 자고, 놀기만 하는 그런 스님으로 보였다.

나란다사(대학)의 전통인 큰스님들이 경을 외우는 법회가 있었는데, 어느 날 적천 스님의 차례가 되었다. 나란다사의 대중은 이 스님의 입에서 도대체 어떤 경문이 나올 것인지 의심을 하며 모여들었다. 적천 스님은 법좌에 올라 "여태까지 외웠던 것을 송경誦經할까? 아니면 지금까지 없었던 것, 즉 새로운 것을 외워볼까?" 하고 물었다고 한다. 대중은 '지금까지 없었던 것'을 외울 것을 요구했고, 이에 적천 스님은 대승의 모든 뜻이 결집된 이『입보리행론』을 설하였다.

제9장 「지혜 바라밀품」 34절 "만일 사물과 비사물들이 마음 앞에 존재하지 않는다면, 그때 형상形相은 구분이 없어지고 대상(所然)이 존재하지 않아

완전한 평정을 얻으리라." 이 게송을 송경할 무렵 적천 스님의 몸은 사라지고 오직 음성만 하늘에서 들려왔다. 대중은 이 모든 송경을 듣고 기억해, 놀라움과 기쁨으로 이 경을 기록해 두었다. 이후 적천 스님은 다시 나란다 절로 돌아오지 않았다. 그를 찾는 제자들에게 스님 방 어딘가에 써 둔 경론을 참고해 더욱 수행할 것을 당부했는데, 그것은 『대승집보살학론大乘集菩薩學論』 또는 『제요경집諸要經集』이다.

참고로 『대승집보살학론』은 한글대장경 249번, K-1121(33-996)에 번역되어 있다.

2. 『입보리행론』의 내용

이곳 티베트 망명정부가 자리한 다람살라에서는 달라이 라마께서 집전하는 법회의 시작과 끝에 다음과 같은 티베트 게송을 함께 합송한다.

장춥 쎔촉 린포체
마께 빠남 께규르찍
께빠 냠빠 메빠이
공네 공두 펠와르 쇼

우리말로 풀어 보면 다음과 같다.

보리심의 귀한 보석이여
보리심을 아직 일깨우지 않은 이들은 일깨우고

보리심을 일으킨 이는 기울지 않도록 하며
보리심은 항상 위로 위로 증장할지어다.

바로 이 경이, 보리심을 일으켜 실천을 통해 깨달음으로 들어가는 대승 불교의 근본사상을 설하는 경이다. 전체는 10품으로 나누어지는데 제1장, 제2장, 제3장은 속제와 진제로 보리심을 일으켜야 되는 것, 제4장, 제5장, 제6장은 일깨운 보리심을 잘 지키는 것, 제7장, 제8장, 제9장은 이 지켜온 보리심을 위로 위로 향상시키는 것으로 되어 있다. 제10장은 이와 같이 증 장시킨 결과를 이웃에 회향하고 대원력을 발하는 기원으로 끝나고 있다.

특히 학파들 간에 논쟁이 있는데, 그 당시 시대 배경으로 소승불교, 유식 론, 경론 학파와의 논쟁에서 대승을 지지하며, 또한 비불교도 육파철학과 의 논쟁도 많이 대두된다. 이 모든 논쟁을 논파하면서 끝까지 중도 철학의 공성 입장을 최고의 진리로서 분명히 밝히고 있다.

3. 『입보리행론』의 의의

이 논서는 산스크리트본이 있고 티베트역, 한역漢譯 등 많은 번역본이 있 다. 티베트에는 이 논서의 주석서만 130가지가 넘는데, 이것은 바로 이 논 서의 비중을 말해 주는 것이다. 특히 이 논서는 대승불교의 씨앗인 보리심 과 보살행의 실천에서 대승 사상의 요점을 가장 일목요연하게 설하고 있다. 요즘같이 혼탁한 세상, 물질만이 최고인 줄 아는 이 사회에서 우리에게 끝 까지 희망을 주고 등불이 되어 줄 부처님의 살아 있는 말씀과 같은 소중한 논서이다.

| 일러두기 |

1. 각 품의 게송 번호는 원서에 없는 것이지만 편의와 뜻을 나타내기 위해 역자가 붙인 것이다.
2. 원서에 없는 간단한 역주는 원문의 이해를 돕기 위한 것이다.
   [ ] 표시는 독자의 이해를 돕기 위해 문장을 연결하는 글이며 원문에는 없는 글이다.
3. ( )는 단어의 부가적인 설명, 혹은 한자를 표기한 것이다.
4. 책이나 경전의 제목은『　』로 표기하였다.

| 참고서적 |

1. Guide to the Bodhisattva's Way of Life

1979, Library of Tibetan works and Archives, Dhramsala(India)
저자 : Steven Bachelor

2. The Way of the Bodhisattva

1999, Shambhala
Padmakara Translation Group

3. 입보리행론入菩提行論

2001, Taiwan
저자 : 걀참 다르마 린첸(1364~1431)

4. Byang-Chub-Sems-Dpa'ai-Spyod-Pa-La-'Ajug-Pa'ai'Agrel-Bshd-Blo-Gsal-Sgron-Me

Ngag-Dbang-Blo-Bzan, 다람살라 필사본, 2000, Delhi

5. 菩薩의 가는 길

1982, 서울, 보련각
저자 : 洪庭植

6. 한글대장경 251(논집부 6) 석마하연론 外 중에서

보리행경(p. 359~484) 동국역경원

보살행에
들어가는
길

제1장

보리심 공덕 찬탄품
功德 讚歎品

인도 말로는 '보디사뜨와짜리야아와따라Bodhisatvacaryavatara'이며 티베트 말로는 '장
춥 쎔뻬 쬐빠라 죽빠'라 한다. (우리말 뜻은 '보리심의 실천에 들어감'이다.)

1   선서善逝의 법신을 지니신 보살과
    예경 받으실 모든 분께 정례하오며
    보살의 율의律儀에 들어감에 [대하여]
    경에서와 같이 간략하게 말하겠습니다.

2   이전에 없었던 것을 여기에 말한 것은 없습니다.
    뛰어난 글 솜씨 역시 나에게 있지 않으니
    그래서 다른 이를 '위한다'는 생각 또한 저에게 없습니다.
    자신의 마음에 바른 습을 들이기 위해 이를 짓습니다.

3   선업에 길들여져 나의 믿음은
    이러한 신심을 순간 자라게 하리니
    저와 선연善緣이 같은 다른 이들도
    만일 이 내용을 보게 된다면 뜻을 얻게 될 것입니다.

4   이 가만暇滿*(法緣)은 얻기가 매우 어렵습니다.
    인간의 뜻을 이루었으니
    만일 이런 좋은 기회에도 성취하지 못한다면
    어찌 다음 생에 완전한 기회가 다시 오겠습니까?

5   마치 구름 낀 칠흑 같은 어두운 밤

　　　순간 번개의 섬광이 모든 것을 드러내듯

　　　이처럼 한때 부처님의 위신력威神力으로

　　　이 세상의 복과 지혜는 잠시 생겨납니다.

6   이처럼 선의 힘은 항상 약하고

　　　강한 악업의 힘은 좀처럼 사라지지 않습니다.

　　　그러니 완전한 보리심이 아닌

　　　그 어떤 선으로도 악을 조복 받을 수는 없습니다.

7   무량한 세월 동안 [중생의 이로움에 대해] 깊은 사유를 행하신 모든

　　　부처님께서 이 보리심만이 [중생에게] 유익함을 보시고

　　　이것으로 한량없는 중생에게

　　　아주 쉽게 궁극의 안락을 얻게 하셨습니다.

8   끝없는 윤회의 고통을 없애고

　　　중생이 불행에서 벗어나기를 바라며

　　　갖가지 행복을 누리고자 한다면

　　　언제나 보리심만은 버리지 말아야 합니다.

* 가만暇滿은 불법佛法과 인연을 맺고 공부하기 위한 여덟 가지 온전한 인간의 조건인 팔유가八有暇와
열 가지 바른 시공간의 인연을 얻는 십원만十圓滿을 말한다. 팔유가는 1. 지옥에 태어나지 않음 2.
아귀로 태어나지 않음 3. 짐승으로 태어나지 않음 4. 장수하는 신으로 태어나지 않음 5. 야만인으
로 태어나지 않음 6. 부처님이 태어나지 않은 시기에 태어나지 않음 7. 잘못된 견해를 가진 이로 태
어나지 않음 8. 바보 등의 몸으로 태어나지 않음을 말하며, 십원만은 1. 인간으로 태어난 것 2. 중
심지에 태어난 것 3. 신체가 온전한 것 4. 오역죄五逆罪를 범하지 않는 것 5. 불법에 대한 신심이 있는
것 6. 부처님이 계실 때 태어난 것 7. 불법을 설할 때 태어난 것 8. 불법이 있는 곳에 태어난 것 9. 불
법을 배우는 것 10. 선법을 가르쳐 줄 스승이 있는 것을 말한다.

9   보리심을 일으키면
    윤회의 쇠사슬에 얽매인 가련한 자도
    보살이라 불리며
    세간의 천신과 사람들이 함께 받듭니다.

10 모든 것을 금으로 변하게 하는 최고의 연금액鍊金液처럼
    깨끗하지 못한 이 몸뚱이를 부처 몸으로 만들고
    값으로 매길 수 없을 만큼 귀한 보석으로 바꾸려면
    '보리심'을 견고히 잘 지녀야 합니다.

11 온 누리의 으뜸이신 오직 당신, 부처님의 한량없는 지혜로
    온전하고 바르게 잘 관찰하시어 값진 보배로 [보리심을]
    인정하시었으니, 중생계衆生界를 벗어나려고 하는 이들은
    소중한 보리심을 굳건히 지녀야 합니다.

12 세상의 다른 선업善業은 파초芭蕉와 같이
    열매를 맺고 나면 시들지만
    보리심의 나무는 항상 푸르러
    끊임없이 열매 맺고 시들지 않으며 잘 커 나갑니다.

13 무섭고 큰 죄를 지은 자라도
    보리심에 의지하면 찰나에 그 업을 벗습니다.
    용맹하게 보리심을 일으키면 모든 공포가 사라지니
    의식이 있는 자者라면 어찌 이것에 의지하지 않겠습니까?

14 보리심은 말겁未劫의 불처럼
어떤 큰 죄도 순식간에 소멸시켜 줍니다.
보리심의 이로움이 '헤아릴 수 없음'에 대해
지혜의 미륵보살께서 선재동자에게 말씀하셨습니다.

15 이 보리심을 요약하면
두 가지 유형으로 이해할 수 있는데
하나는 보리심을 일으키는 마음(願菩提心)이고
다른 하나는 보리심을 실천하는 마음(行菩提心)입니다.

16 가기(菩提道)를 바라고 [실제로] 가는
차이를 이와 같이 아는 것처럼
그와 같이 지자智者는
이 둘의 차이를 차례로 알아야 합니다.

17 원보리심願菩提心 자체만으로
윤회 세계에서 큰 과보를 얻지만
행보리심行菩提心처럼
끝없는 공덕을 맺지는 못합니다.

18 [계율을] 지니고 유정 세계의
모든 중생을 구제하기 위해
불퇴전의 마음으로
이 보리심을 바르게 수지한다면

19   그때부터 잠에 들거나
      방일放逸하더라도 공덕의 힘은
      끊임없이 허공과 같이
      커다랗게 자라납니다.

20   이는 아주 합당한 것이며
      『선비보살경善臂菩薩經』에서
      소승에 안주하려는 중생을 위하여
      여래께서 직접 말씀하신 것입니다.

21   유정의 두통頭痛만이라도
      없애려고 한다면
      [그 또한 유정을] 이롭게 하려는 생각이기에
      헤아릴 수 없는 공덕을 얻게 됩니다.

22   하물며 중생 개개인의 헤아릴 수 없는 불행을
      없애려고 한다면
      중생 개개인을 위해 한량없는 공덕을 얻게 하려는 것은
      말해 무엇하겠습니까?

23   이와 같은 이타심이 어떤 유정에게 있겠습니까?
      아버지나 어머니
      천신이나 신선
      또 그 어떤 바라문에게 있겠습니까?

24 이 모든 유정이
일찍이 자기를 위해서 이런 마음을
꿈속에서조차 내지 않았다면
이웃을 위하는 [마음은] 어찌 생기겠습니까?

25 이웃은 물론 자신을 위해서도 일어나지 않는데
모든 중생을 위하려는 마음이 어디에서 생기겠습니까?
이 탁월한 마음의 보배는
예전에 없던 희유한 탄생입니다.

26 모든 중생에게 기쁨의 씨앗이요
중생의 괴로움을 없애 주는 영약이 되는
보배로운 보리심의 공덕 모두를
어찌 헤아릴 수 있겠습니까?

27 도우려는 생각만 하여도
부처님께 올리는 공양보다 수승하거늘
한 중생도 남기지 않고
모두의 복락을 위하려는 노력이야 말해 무엇하겠습니까?

28 중생은 고통을 여의려고 하지만
오히려 고통 속으로 내달리고
안락을 원하지만 무지로 인해
스스로 자신의 안락을 원수처럼 부숴 버립니다.

29 그 누가 안락이 다하여
많은 고통 속에 빠진 그들에게
모든 복락으로 만족을 주며
모든 고통을 여의게 하고

30 [그들의] 무지 역시 없애려고 하겠습니까?
이와 견줄 만한 선행이 어디에 있겠습니까?
그와 같이 행하는 선지식은 어디에 있습니까?
이와 같은 공덕이 어디에 있겠습니까?

31 도움에 대해 보답을 바라고 행한 것에도
칭찬 받을 만한 가치가 있다면
보답을 바라지 않고서 하는
보살들은 말해 무엇하겠습니까?

32 몇 안 되는 중생에게 계속해서 음식을 베풀고
어쩌다 한 번 보시를 하고
천시하는 [마음으로] 반나절을 배부르게 할지라도
세상 사람들은 그가 덕행을 행했다며 칭송합니다.

33 한량없는 유정에게 긴 세월 동안 [변함없이]
여래의 위없는 안락을 [얻도록]
마음의 한량없는 소원을 채워 주고, 항상 베푸는 보시에
무슨 칭송의 말이 필요하겠습니까?

34   누구든지 이처럼 보시하는 보살에게
      행여라도 나쁜 생각을 일으킨다면
      나쁜 생각을 일으킨 만큼에 해당하는 양을
      지옥에 머물게 된다고 부처님께서 말씀하셨습니다.

35   만약 어떤 이가 이러한 일에 큰 신심을 일으킨다면
      그 과보는 그보다 훨씬 많이 늘어 가리니
      그런 보살에게는 큰일이 닥치더라도
      죄악은 생기지 않고 선업만 저절로 늘어 갑니다.

36   거룩하고 보배로운 마음과
      나투신 그 몸에 절하옵고
      심지어 해치려는 자에게도 안락을 주는
      기쁨의 원천이신 당신께 귀의합니다.

제2장

죄업참회품
罪業懺悔品

1   보배로운 이 마음을 간직하고자
    모든 여래와 정법과
    티 없는 삼보와 불보살의
    공덕의 바다에 지성으로 공양 올립니다.

2   존재하는 모든 꽃과 과일과
    갖가지 약초와
    세상에 있는 모든 귀한 보석과
    또 세상의 맑고 향기로운 청정수

3   보석으로 장식된 수미산과 같이
    숲으로 에워싼 고요하고 아름다운 대지와
    늘 푸르며 꽃으로 장식된
    가지마다 미묘한 열매가 달린 나무들

4   천상계의 꽃다운 향기와
    향과 여의수如意樹와 보배로운 나무들
    연꽃이 만발한 호수와 연못에
    백조의 아름다운 소리가 있고

5   전설 속에 익어 가는 풍요로운 곡식과
    또 다른 공양 올릴 만한 장식품과
    허공계 끝까지 가득 채울
    주인 없는 모든 것

6   저는 마음으로 이 모든 것을 관觀하여
    수승한 부처님과 보살님들께 헌공하옵니다.
    성스러운 복전福田의 자비하신 분들께서는
    저를 어여삐 여기시어 이 모든 것을 받아 주소서.

7   저는 복덕이 없고 가난합니다.
    공양 올릴 만한 어떤 재물도 가진 것이 없습니다.
    그러나 당신은 이타행만 생각하시는 보호자이시니
    당신의 위신력威神力으로 저의 이 모든 것을 받아 주소서.

8   저는 부처님과 보살님들께
    내 온몸을 영원히 올립니다.
    유정 중에 최고의 영웅이시여, 저를 받아 주소서.
    공경하는 당신의 백성으로 귀의하게 하소서.

9   저는 당신께서 완전히 지켜 주신다면
    윤회계에서 중생을 위해 두려움 없이 노력하고
    전에 지은 악업을 완전히 넘어서
    다시는 다른 죄악을 짓지 않겠습니다.

10 깨끗한 방에 미묘한 향기 가득하고
    유리로 덮인 대지가 빛나고 번쩍이는 것과 같이
    보석으로 빛나는 찬란한 기둥과
    진주로 수놓아 아롱거리는 청정을 갖춘 곳에서

11 부처님과 보살님들께
    수많은 보병에 향수를 가득 채워
    노래와 음악과 함께
    목욕시켜 드리기를 원하옵니다.

12 그리고 비할 수 없이 좋은 천
    깨끗하고 향이 스민 수건으로 당신들의 몸을 닦아 드리리다.
    그리고 거룩한 이들께 어울리는
    아주 좋은 향기가 스민 옷을 올리오리다.

13 아름답고 얇고 부드러운 옷가지와
    진귀한 보석이 박힌 수많은 장신구로
    거룩한 보현보살 문수보살
    관세음보살도 함께 장식하오리다.

14 삼천대천세계에 향기가 배게 하는
    가장 좋은 향료로 모든 부처님의 몸을
    정제한 황금으로 닦아 내듯이
    빛나는 그것들을 바르오리다.

15 공양처供養處 중의 공양처이신 고귀한 부처님께
    아름다운 만다라꽃과 연꽃
    우담바라꽃 등 향기로운 모든 것과
    그윽하고 아름다운 꽃타래로 공양을 올립니다.

16   마음을 앗아 가는 최고의 향이 가득한
      향기로운 구름 또한 올리며
      드시고 마시는 여러 가지 천상의 맛있는 음식도
      당신께 공양 올리오리다.

17   황금빛 연꽃 봉우리를 차례로 엮고
      가없는 보석의 등불도 올리오리다.
      대지를 고르고 향으로 발라서
      거기에 향기로운 꽃잎을 흩어 뿌리오리다.

18   흥겨운 찬탄가가 맴도는 무량궁에는
      귀한 진주 보석이 아롱거리며 빛나고
      무한한 허공을 모두 장엄하여 이 또한
      대자비의 근본이신 당신께 올리오리다.

19   황금의 손잡이를 가진 아름다운 보배 우산은
      둘레를 여러 장식으로 멋지게 치장하여
      우아한 모양으로 보기 좋게 들고서
      항상 모든 부처님께 올리고자 합니다.

20   그와 다른 것 또한 공양을 올리니
      청아한 소리를 내는 악기와 함께
      중생의 고통을 가시어 주는
      구름이 처처에 머무르게 하소서.

21   모든 고귀한 법보와
      불탑과 불상에
      보배로운 꽃 등의 비가
      끊임없이 내리게 하소서.

22   문수보살과 여러 보살이
      모든 부처님께 행하신 대로
      저도 그와 똑같이
      모든 여래와 보살님들께 공양 올립니다.

23   저는 여러 가지 음성과 곡조로
      공덕의 바다이신 [부처님을] 찬탄합니다.
      감미로운 찬탄의 구름이 당신들께
      여실히 모두 나타나게 하소서.

24   시방 삼세의 모든 부처님과
      법과 거룩한 무리들에게
      우주의 먼지만큼 수많은
      몸을 나투어 제가 절 올립니다.

25   보리심의 터전과
      불탑에 절 올리며
      대덕의 큰 스승과
      수승한 수행자들께 절 올립니다.

26   정수의 깨달음을 이룰 때까지
      부처님께 귀의합니다.
      정법과 보살님의 무리에게도
      그와 똑같이 귀의합니다.

27   시방의 모든 곳에 머무시는
      완전한 부처님과 보살들
      큰 자비 지니신 모든 분께
      저는 두 손 모아 청하옵니다

28   시작도 끝도 없는 윤회 속에서
      금생과 또 다른 생에서
      내가 모르고 지은 허물과
      시켜서 짓게 한 죄악

29   무명의 어리석음으로 저를 누르고
      부화뇌동附和雷同하여 저지른
      이런 허물을 보면서
      진심으로 수호자께 참회합니다.

30   저는 삼보 전에
      부모와 스승과 이웃들에게
      번뇌의 문門인 몸과 말과
      마음으로 저지른 모든 악행

31   수많은 잘못으로 허물이 생겨
     악해진 제가 범한 잘못들이
     너무나 참기 힘드니
     모두를 이끄시는 분들께 참회합니다.

32   제가 지은 죄악을 씻기도 전에
     먼저 죽음으로 끝나 버릴지도 모릅니다.
     이에서 벗어날 때까지
     속히 저를 구원해 주시옵소서.

33   믿을 수 없는 이 저승사자는
     우리 일을 다 했건 못했건 간에
     내가 병들었거나 병들지 않았거나
     예고 없이 찾아드니 믿을 수가 없습니다.

34   모든 것을 버리고 홀로 떠나야 하는데
     제가 이전에 이것을 알지 못하여
     좋아하는 사람이나 미운 사람 때문에
     여러 죄를 지었습니다.

35   [세월이 흐르면] 미운 사람도 사라질 것이요
     좋아하는 사람도 사라질 것입니다.
     나도 또한 사라질 것이니
     이와 같이 모든 것이 없어질 것입니다.

36 꿈을 꾼 것이나 다름없이
    내가 좋아했고, 쓰던 물건 어떤 것들도
    기억으로만 남을진대
    지나간 모든 것은 다시 볼 수 없게 됩니다.

37 이 짧은 삶에서 또한
    좋아했고 미워했던 많은 사람들이 죽어 갔고
    그들 때문에 저지른 없앨 수 없는 죄악만이
    사라지지 않고 앞에 남아 있습니다.

38 이같이 이 삶은 짧고
    갑자기 언제 죽을지도 제가 알아차리지 못하고
    무명과 집착과 화냄으로써
    많은 죄악만 저질렀습니다.

39 낮과 밤은 머물러 있지 않고
    이 삶은 항상 줄어만 가며
    결코 늘어나거나 길어지지 않으니
    어찌 죽음이 오지 않겠습니까?

40 제가 침상에 눕게 되면
    친구와 친척들에게 둘러싸여 있을지라도
    숨이 끊어질 때의 느낌은
    저 혼자만이 겪어야 합니다.

41 저승사자에게 붙잡혔을 때
    친척이나 친구가 무슨 도움이 되오리까?
    그때는 공덕만이 저를 지켜 줄 것인데
    저는 이 역시도 쌓지 못하였습니다.

42 보호자이신 부처님이시여!
    방일한 저는 이런 공포를 알아차리지 못하고
    이 무상한 삶만을 위하여
    수많은 악행을 저질렀습니다.

43 누구든 손발이 잘릴 곳으로
    오늘 끌려가게 되면 두려움에 떨고
    입은 마르고 눈은 캄캄해지는 등
    그의 꼴은 완전히 변하고 마는데

44 [하물며] 무서운 저승사자인
    채찍을 든 이에게 붙잡혔을 때
    큰 공포에 사로잡힌
    처절하고 불쌍한 꼴은 말해 무엇하겠습니까?

45 누가 이 무서운 공포에서
    저를 온전히 구해 주겠습니까?
    놀란 눈을 부릅뜨고
    사방을 둘러보며 도움을 구해 보지만

46 천지사방에 저를 보호해 줄 이 없음을 보고 나면
저는 완전히 처참해질 것입니다.
그곳에서 구원을 찾지 못하면
그때 저는 무엇을 할 수 있겠습니까?

47 그러므로 저는 세상을 보호하려고 애쓰시며
큰 위신력으로 모든 두려움을 없애 주시는
중생의 보호자이신 부처님께
오늘부터 진정으로 귀의합니다.

48 윤회의 두려움을 없애 주시는
이들이 성취하신 법과
보살의 성스러운 무리께도
이와 같이 저는 진심으로 귀의합니다.

49 저는 두려움에 떨면서
보현보살께 자신을 바칩니다.
문수보살께도 또한
저의 이 몸을 올리옵니다.

50 오류 없이 자비를 행하시는
구원의 관세음보살께도
가련한 울부짖음으로 외치나니
죄 많은 저를 보호해 주시옵기를 기원합니다.

51   성스러운 허공장보살과
      지장보살께
      그리고 모든 큰 자비 지닌 무리께
      간절한 마음으로 구원을 부르짖습니다.

52   누구나 보기만 해도 무서워하는
      염라왕의 사자使者와 지옥의 옥졸 등이
      두려워하며 사방으로 줄달음치는
      금강지보살께도 귀의합니다.

53   이전에는 당신의 말씀을 어겼습니다.
      그러나 지금은 이 큰 두려움을 보았으니
      당신께 귀의합니다.
      속히 이 두려움 없애 주시기를 기원합니다.

54   하찮은 질병에도 겁을 먹고
      의원醫員의 말대로 따라야 하는데
      하물며 탐욕과 같은 수많은 허물의 질병을
      끊임없이 심고 있으니 말해 무엇하겠습니까?

55   한 가지 죄악만으로도
      세상 사람 모두 쓸어 간다면
      이것을 치료할 약은
      세상천지 어디에서도 얻지 못하나니

56   이에 모든 것을 잘 아는 의원이 있어
      일체 아픔을 없애 준다고 해도
      의원의 말대로 행하지 않는다면
      지극히 어리석고 부족한 사람입니다.

57   조그만 낭떠러지일지라도
      조심스러운 행이 필요한데
      하물며 천 길의 긴 낭떠러지는
      말해 무엇하겠습니까?

58   설령 오늘 당장 죽지 않는다고 해서
      편하게 지낸다는 것은 당치 않습니다.
      제가 분명 죽어야 하는 그 순간은
      틀림없이 올 것입니다.

59   누가 나의 두려움을 없애 줄 수 있으랴!
      이곳에서 어떻게 확실하게 벗어날 수 있으랴!
      끝내 소멸하고 말 것인데
      어찌 내 마음이 편하겠는가!

60   지난날 즐겼던 향락 중에
      지금 나에게 남은 것은 무엇인가?
      나는 그것들을 크게 탐하여
      스승의 말씀을 어겼으니

61   이렇게 삶을 낭비한 것처럼
      친척과 친구를 버리고
      나 홀로 알지도 못하는 곳으로 가야만 하나니
      친구와 원수, 모두 무슨 소용이 있단 말인가!

62   선하지 않은 데서 고통이 생기나니
      여기서 어떻게 확실히 벗어나야 하는지
      밤낮으로 저는
      오직 이것만을 생각함이 마땅합니다.

63   저의 알지 못한 무명으로
      성죄性罪*와
      차죄遮罪**를
      저지른 여러 가지 잘못을

64   부처님 앞에 나아가 합장하고
      고통을 두려워하는 마음으로
      거듭 절을 하면서
      이 모든 것을 참회합니다.

* 성죄性罪는 살생, 도둑, 사음 등의 본질적인 죄악 행위 등을 말하고
**차죄遮罪는 음주, 가무 등으로 계율을 어기며 죄를 짓는 것을 말한다.

65   [중생을] 이끌어 주시는 이여

저의 죄와 잘못을 어여삐 받아 주소서.

이렇게 선하지 않기에

저는 앞으로 다시는 저지르지 않겠나이다.

제3장

보리심 전지품
受持品

1 삼악도三惡道에 [빠진] 일체 유정의 고통
   그것을 쉬게 하는 모든 선행과
   고통에 시달리는 모든 이의 안락처에
   기쁨으로 함께(隨喜讚歎)합니다.

2 깨달음의 씨앗인 선업을 쌓는
   그곳에 기쁨으로 함께합니다.
   몸 가진 윤회의 고통에서 완전히 벗어나는 것에
   기쁨으로 함께합니다.

3 보호해 주시는 분들의 깨달음과
   보살들의 경지에도 기쁨으로 함께합니다.

4 모든 중생에게 안락을 주는
   발심發心 선법善法의 바다와
   중생을 이롭게 하심에
   기쁨으로 함께합니다.

5 시방의 부처님께
   두 손 모아 바라오니
   어둠 속을 헤매는 중생 앞에
   법의 등불을 밝혀 주시길 비옵니다.

6   열반에 드시려는 부처님께
    두 손 모아 간구하오니
    이 눈먼 중생을 [그대로] 남겨 두지 마시고
    영겁토록 머무시길 비옵니다.

7   이와 같이 행한 모든 것에서
    제가 쌓은 모든 공덕
    이것으로 일체중생의 모든 고통이
    완전히 가셔지기를 비옵니다.

8   이 세상의 중생에게 병이 있는 한
    병에서 완전히 나을 때까지
    저는 약과 의사와
    그들의 간병자로 남기를 바라옵니다.

9   먹을 것과 마실 것의 비가 되어
    굶주리고 목마른 자의 고통을 없애 주며
    길고 긴 기근의 시절에도
    제가 [중생의] 먹고 마실 것이 되게 하소서.

10 절망하고 가난한 중생에게
    제가 다함없는 재물이 되고
    그들에게 필요한 여러 가지 도구가 되어
    그들 곁에 항상 머물게 하소서.

11   [나의] 몸과 써야 할 모든 것과
      삼세에 쌓아 올린 모든 선업까지도
      모든 중생의 성취를 위해서라면
      아낌없이 모두 다 주겠나이다.

12   모든 것을 버려야 고통을 넘어서게 되고
      내 마음도 고통이 없는 경지를 이루게 됩니다.
      모든 것을 포기함과 동시에
      그것을 중생들에게 베푸는 것이 가장 좋은 일입니다.

13   저는 이 몸 전체를
      중생이 바라는 대로 맡기렵니다.
      항상 죽이고 욕하고 때리는 등
      무엇을 하더라도 [그대로] 받아들이겠나이다.

14   내 몸을 가지고 장난질하며
      꾸짖고 비웃는 재료로 쓸지라도
      이미 이 몸은 그들에게 준 것이니
      이를 아긴들 무슨 소용이 있겠습니까?

15   그들에게 해를 끼치는 일이 아니라면
      어떤 일이라도 하겠나이다.
      내가 언제라도 기쁨이 될지언정
      의미 없는 일이 되지 않게 하여 주소서.

16　　나로 인해 어느 누구라도
　　　화를 내거나 믿는 마음이 생겨난다면
　　　그 자체가 항상
　　　그들에게 이익이 되는 원인이 되게 하소서.

17　　모두가 나를 나쁘게 말하고
　　　다른 이가 [나를] 해롭게 하며
　　　그처럼 조롱해도 좋습니다.
　　　이 모든 것이 깨달음을 이루는 인연이 되게 하소서.

18　　저를 의지할 곳 없는 이의 의지처가 되고
　　　길 가는 이의 안내자 되며
　　　물을 건너는 사람의 배가 되고
　　　뗏목이나 다리가 되게 하소서.

19　　저는 섬을 찾는 이에게 섬이 되고
　　　등불을 구하는 이에게는 등불이 되며
　　　침구를 원하는 자에게 침구가 되고
　　　종(奴婢)을 구하는 모든 이의 종이 되고자 합니다.

20　　여의주如意珠나 행운의 보병寶瓶이 되며
　　　진언이나 효험效驗 있는 약이 되고
　　　모든 이의 여의수如意樹가 되며
　　　몸을 가진 모든 이가 원하는 것을 주겠나이다.

21　　대지大地 등의 원소(大種)가 되며
　　　허공과도 같이 항상하고
　　　무량의 중생에게
　　　그들 삶을 위한 갖가지 바탕이 되게 하소서.

22　　허공 끝에 이를 때까지
　　　갖가지 모든 중생계에도
　　　그들 모두가 고통에서 벗어날 때까지
　　　제가 그들 삶의 근원이 되게 하소서.

23　　과거의 모든 부처님이
　　　보리심을 일으키고
　　　보살들의 학처學處에
　　　그들이 차례로 머무신 것처럼.

24　　이와 같이 중생을 위하여
　　　보리심을 일깨워서
　　　보살의 학처를 따르며
　　　그와 같이 차례로 배우겠나이다.

25　　이와 같이 지혜를 갖추어
　　　지극한 보리심을 지니고
　　　행하고 또한 넓게 증장시키기 위하여
　　　마음을 이렇게 북돋아 찬탄합니다.

26 이제 나의 삶은 열매를 맺고
사람으로 태어나 보람 있는 존재가 되었으며
오늘 부처님의 종성種姓으로 태어나서
지금은 보살이 되었습니다.

27 오늘부터 저는 무엇을 하든
종성의 가문에 맞는 일을 할 것이며
허물없고 고상한 이 가문을
더럽히지 않도록 그와 같이 하겠나이다.

28 소경이 쓰레기 더미 속에서
보석을 찾은 것처럼
그와 같이 이처럼
보리심을 [나도] 일깨우겠습니다.

29 중생의 죽음을 부수는
최상의 감로甘露 또한 이것이며
중생의 가난을 없애고도
줄지 않는 재산 또한 이것입니다.

30 중생의 병을 완전히 없애 주는
약 또한 이것이며
윤회의 길에서 헤매다 지친
중생의 피로를 풀어 주는 푸른 나무입니다.

31   모든 중생을 악도에서
      건너게 하는 받침대이며
      세상의 번뇌 열을 식혀 주는
      마음의 달이 솟은 것입니다.

32   중생의 짙은 무명을
      깨끗이 닦아 내는 커다란 태양이며
      정법의 우유를 휘저어서
      버터의 정수精髓를 뽑아낸 것입니다.

33   윤회의 길을 떠나 여행하는 중생이
      안락하고 즐거운 삶을 바라는 것처럼
      이것은 그들을 최상의 행복에 머물게 하며
      중생의 여행에 큰 만족을 주는 것입니다.

34   제가 오늘 모든 보호자의 눈앞에
      중생과 선서善逝 자체 [그] 사이에
      안락한 손님으로 초대하나니
      천신天神과 비신非神들이 기뻐하리라.

제4장

보리심 불방일품
不放逸品

1   보살들은 이와 같이
     보리심을 굳게 지니고
     항상 산만하지 않으며
     가르침을 벗어나지 않도록 노력해야 합니다.

2   경솔하게 시작한 어떤 일이나
     잘 생각해 보지 않은 무언가를
     [혹여 그런] 맹세했을지라도
     할지 말지는 깊이 생각해 보아야 합니다.

3   부처님과 보살들이
     큰 지혜로 모두 관찰해 왔고
     나 또한 거듭 생각했던
     그것을 어찌 늦출 수가 있겠습니까?

4   만일 그와 같이 맹세해 놓고
     그 일을 행동으로 옮기지 않는다면
     모든 중생을 속인 것인데
     나는 어떤 중생의 몸을 받게 될까요?

5   아무리 사소한 물건이라도
     마음속으로 한번 주겠다고 생각한 후
     어떤 이에게도 주지 않는다면
     아귀로 태어난다고 말씀하셨습니다.

6 위없이 안락한 자리에
   진심으로 손님을 초대해 놓고
   모든 중생을 속인다면
   제가 선취도善趣道에 어찌 갈 수 있겠습니까?

7 누군가 보리심을 포기한다 하여도
   그를 해탈하게 하시니
   업의 방식은 불가사의不可思議하여
   오직 진지하신 부처님만이 이 십니다.

8 [보리심을 포기하는] 그것이
   보살이 타락하는 것 가운데서도 중죄이니
   이와 같은 일이 일어나면
   모든 중생의 이익이 줄어들기 때문입니다.

9 어느 누가 한순간이라도
   그의 공덕을 방해한다면
   중생의 이익에 해를 끼치는 것이니
   이는 악취에서 끝이 없을 것입니다.

10 한 중생의 안락이라도 무너뜨리면
   나 자신이 쇠퇴하게 되나니
   허공과 같이 한없이 많은 몸을 가진 이의
   안락을 무너뜨린다면 말해 무엇하겠습니까?

11   이처럼 죄과의 힘과
      보리심의 힘을 가지고
      윤회계에 반복하여 섞이게 되면
      보살지에 이르는 데 많은 세월이 걸립니다.

12   그러므로 맹세한 대로
      나는 헌신으로 이행할 것입니다.
      만일 지금부터라도 노력하지 않는다면
      점점 낮은 상태로 떨어질 것입니다.

13   모든 중생에게 이익을 주기 위해
      헤아릴 수 없는 부처님이 지나가셨지만
      나는 나의 잘못으로
      그 구원의 대상에 들지 못했습니다.

14   내가 오늘도 또한
      그와 같이 되풀이만 한다면
      악취와 병과 속박과
      끊기고 베이는 등의 [고통을] 겪게 될 것입니다.

15   여래가 출현하고
      믿음과 사람의 몸을 얻는 일,
      선업에 길들이는 등 이와 같은 것은 귀한 것이니
      언제 이런 기회를 얻을 수 있겠습니까?

16   오늘 비록 병 없이 건강하고
      먹을거리가 풍부하고 해로움이 없다 해도
      생명은 순간이며, 속임수이기에
      이 몸은 한순간의 그림자와 같은 것입니다.

17   이와 같은 나의 행동으로는
      사람의 몸 또한 받을 수 없게 되리니
      사람의 몸을 얻지 못한다면
      오직 죄악일 뿐 선업은 없습니다.

18   언제나 선업을 쌓기 좋은 기회에
      내가 선업을 쌓지 않는다면
      악도의 고통에서 완전히 혼미해졌을 때
      그때 저는 무엇을 할 수 있겠습니까?

19   선업 하나 [제대로] 짓지 않으면
      악업은 금세 쌓이는 바
      백 천만 억 겁의 긴 시간에도
      선취善趣란 그 소리마저 듣지 못할 것입니다.

20   이런 이유로 세존께서는
      큰 바다 위에 뜬 나무토막의 구멍에
      거북이가 목을 끼우는 것과 같이
      사람 몸을 받기가 어렵다고 말씀하셨습니다.

21 한순간에 지은 악업만으로도
    무간지옥에 한 겁 동안 머문다 하였는데
    무시이래無始以來로 윤회하며 쌓아 온 죄과로
    선취로 태어날 수 없음은 말해 무엇하겠습니까?

22 이 정도의 죄과를 받는 것으로도
    이곳에서 벗어나지 못하는 것은
    죄과를 받고 있는 동안에도
    또 다른 죄악이 많이 생기기 때문입니다.

23 만일 이 같은 가만假滿의 몸을 얻고서도
    선업을 익히지 않는다면
    이보다 더한 속임은 없을 것이며
    이보다 더한 어리석음도 없을 것입니다.

24 만일 내가 이것을 알고서도
    어리석음으로 나중에 게으름을 피운다면
    죽음의 시간이 다가올 때
    큰 슬픔이 일어날 것입니다.

25 참을 수 없는 지옥의 불은
    오랫동안 내 몸을 불사를 것이며
    견딜 수 없는 후회의 불길로
    틀림없이 마음은 고통을 겪게 됩니다.

26 지극히 얻기 어려운, 이로운 땅에
　　이런 행운을 얻게 되었으니
　　내가 이것을 알면서도
　　후에 또다시 지옥으로 이끌린다면

27 마치 주문으로 정신이 혼미해진 것처럼
　　여기에 나는 마음이 없는 것과 같아서
　　무엇이 나를 이리 어지럽혔는지 모르고
　　무엇이 내 안에 있는지도 모를 것입니다.

28 사랑과 미움 등의 나의 원수는
　　손도 발도 없고
　　지혜롭고 용맹스러운 것도 아닌데
　　이와 같이 그것들은 나를 종처럼 부립니다.

29 더욱이 그것들이 내 마음속에 자리 잡고
　　희희낙락거리면서 나를 괴롭혀도
　　나는 그것들에게 성낼 줄도 모르고 견디기만 하니
　　이는 옳지 않은 인내이기에 부끄러운 일입니다.

30 만일 신이나 신 아닌 것이 모두
　　나에게 원수로 일어난다 해도
　　그들이 [나를] 무간지옥으로 이끌거나
　　불구덩이에 빠뜨리진 못할 겁니다.

31 강력한 번뇌인 이 원수는
    심지어 수미산須彌山은 물론
    무엇을 만나건 재災 하나 남김없이 태워 버리는데
    이놈은 나를 순식간에 그곳에 던져 버립니다.

32 나의 번뇌, 이 원수는
    시작도 끝도 없이 오래오래 갑니다.
    다른 어떤 원수도
    이렇게 오랫동안 해를 끼칠 수 있는 놈은 없습니다.

33 만약 내가 누군가를 공경으로 받든다면
    그 모두가 이익과 행복을 가져오는데
    이 번뇌는 의지하면 할수록
    훗날 오는 건 불행과 고통뿐입니다.

34 이처럼 한없이 머무는 원수가 되어
    해롭게 하는 무리를 증장시키는 한 가지 원인인 [번뇌가]
    이미 내 가슴에 한자리를 차지했다면
    이 윤회 세계를 어찌 두려워하지 않고 좋아할 수 있겠습니까?

35 윤회 감옥의 간수나 지옥의 옥졸이나
    염라왕과 망나니로 [구성]된 그들이
    내 마음속 탐욕의 그물 안에 머문다면
    그때 내 안에 어찌 안락이 있겠습니까?

36 그러므로 저는 이 원수를 눈앞에서
    확실히 없앨 때까지 노력을 멈추지 않겠습니다.
    잠깐의 작은 해침에도 화를 내며
    아만我慢이 가득한 이들은 그것을 없앨 때까지 잠도 오지 않습니다.

37 저절로 죽음의 고통으로 변하는 번뇌를
    치열한 전쟁터에서 무너뜨리기를 원하고
    창과 활에 꿰뚫리는 고통에도 불구하고
    뜻을 이루기 전에 물러서지 않으려면

38 항상 모든 고통의 원인인
    이 타고난 원수를 끝까지 쳐부수려고 노력하고
    내 이제 수백 가지 고통의 원인이 되는 그 어떤 것에도
    의기소침하거나 게으르지 않아야 할 것은 말할 필요도 없습니다.

39 하찮은 적이 상처를 입힌 것도
    몸에 장신구처럼 달고 다닙니다.
    큰일을 이루기 위해 바르게 노력하는
    저에게 이 고통이 어찌 해가 되겠습니까?

40 어부, 백정, 농부도
    오로지 자신의 삶에 전념하면서
    더위와 추위의 고통을 참는데
    중생의 안락을 위하려는 제가 어찌 참지 못하겠습니까?

41   시방의 허공에 가득한 중생
      그들을 번뇌에서 '해방시키리라'고
      서원을 세운 나 자신도
      여태까지 번뇌에서 벗어나지 못했고

42   내 한계도 알지 못하면서
      그와 같이 말하면 미친 자가 아닌지요.
      그러므로 번뇌를 쳐부수는 것에
      저는 항상 불퇴전不退轉으로 임하겠습니다.

43   이에 나 최선을 다하여
      원한을 품고 맞서 싸우리라.
      번뇌의 형상이 이와 같으니
      번뇌를 부수는 번뇌만 제외하고는.

44   내가 불에 타 죽는다고 해도
      내 머리가 잘린다 해도
      어떠한 번뇌의 적에게도
      결코 굴복하지 않으리다.

45   하찮은 적들은 쉽게 패하지만
      다른 곳에서 [다시] 모여
      똘똘 뭉쳐 힘을 가다듬어 다시 돌아옵니다.
      그러나 나의 이 번뇌라는 적은 형태가 이런 방식이 아닙니다.

46 번뇌! 번뇌! 지혜의 눈에는 사라져 버리는
    너는 내 마음에서 사라져 어디로 가는가?
    너는 어디에 있다가 나를 해치러 다시 오는가?
    의기소침한 나에겐 정진할 힘마저 다해 버렸구나!

47 번뇌란 놈은 대상도 없고 감각에도 없으며
    그 중간이나 그 어디에도 없으며
    이외에 다른 곳에도 없으며
    어디에 머물면서 중생에 해를 끼치는가?
    이것은 하나의 허깨비이니 두려움을 버리고
    지혜를 위해 정진할 뿐인데
    쓸데없이 나는 왜 여러 지옥에서
    그렇게 많은 해를 당해야 하는가?

48 그와 같이 다양한 마음을 설하신 것처럼
    가르침을 성취하기 위해 노력하겠습니다.
    만약 의원의 말을 듣지 않는다면
    어찌 치료를 받는 환자가 약으로 치료가 되겠습니까?

제5장

호계정지품

護戒正知品

1   계를 지키려고 한다면
    마음을 신중하게 지켜야 할 것이니
    이 마음을 지키지 못하면
    계를 지킬 수가 없다.

2   마음의 코끼리가 풀리면
    무간지옥의 해를 입히지만
    길들지 않은 코끼리는 미쳐도
    이에 그와 같은 해를 끼치지는 않는다.

3   모든 것에서 정념正念의 밧줄로
    마음 안의 미친 코끼리를 단단히 잡아맨다면
    두려움은 모두 없어지고
    모든 선善이 손에 들어온다.

4   호랑이, 사자, 코끼리, 곰 그리고 뱀과
    모든 형태의 적과
    유정 지옥의 간수와
    야차夜叉와 그와 같은 나찰羅刹들

5   이 마음 하나 붙들어 매면
    모든 것을 붙들어 매게 되고
    이 마음 하나 다룰 수 있으면
    모든 것을 조복調伏 받게 되리라.

6   이처럼 모든 두려움과
     한량없는 고통도
     마음에서 일어나는 것임을
     바른 말씀 그 자체로 보여 주셨다.

7   유정 지옥의 무기武器들은
     어느 누가 고의로 만들었는가?
     시뻘건 철판의 대지는 누가 만들었는가?
     다오르는 불길은 무엇으로 만들어졌는가?

8   그와 같은 모든 것 역시
     악한 마음이라고 부처님은 설하신다.
     그러므로 삼계 안에
     마음보다 더 무서운 또 다른 것은 없다.

9   만약 중생을 가난에서 벗어나게 하여
     보시 바라밀을 이루었다고 한다면
     지금 이 세상에는 [여전히] 가난이 있으니
     과거의 부처님은 어떻게 피안에 이르렀겠는가?

10   모든 존재는 과보果報를 받는 법
     모든 중생에게 베푸는 마음으로
     보시 바라밀을 설하셨다.
     그러므로 그것[베풂]은 마음 그 자체인 것이다.

11   물고기 등 어떤 것이든
      그들을 '죽이지 않으리라'고
      단념하는 마음을 얻는 것이
      지계持戒 바라밀이라 말씀하셨다.

12   난폭한 유정有情은 허공과 같이 많아서
      그들 모두를 정복한다는 것은 불가능한 일이다.
      오직 화내는 이 마음 하나 극복하면
      모든 적을 극복하는 것과 같다.

13   이 대지를 다 가죽으로 덮으려 한다면
      그 많은 가죽을 어디에서 찾겠는가!
      신발 바닥 정도의 가죽만으로도
      모든 대지를 뒤덮을 수 있는 것과 같은 것이다.

14   이와 같이 바깥 현상도
      내가 전부 조복 받기 어려운 것이니
      이 내 마음을 조복하는 것으로도 [충분한데]
      다른 모든 것을 제압할 필요가 어디 있겠는가?

15   맑은 마음 하나를 일으킨 과보로
      범천梵天에 태어날 수 있는 결과를 얻는다.
      몸과 말로 지은 과보만으로는
      행위가 미약하여 그와 같은 결과를 얻을 수 없다.

16   진언을 외우고 온갖 고행을
      오랫동안 했을지라도
      산란한 마음으로 해 왔다면
      그런 것은 진리를 아는 자(智者)께서 무의미하다고 말씀하셨다.

17   누구든 법의 빼어난 핵심인
      마음의 이 비밀을 모른다면
      안락을 얻고 고통을 멸하려 해도
      그냥 그렇게 의미 없이 떠도는 것이다.

18   그러므로 내 이 마음을
      [선행 쪽으로] 잘 붙잡아 지켜야 한다.
      마음을 지키는 맹세 외에
      수많은 맹세는 다 무엇에 쓰겠는가?

19   희희낙락거리고 어수선한 무리 속에서도
      주의해서 상처를 살피듯이
      악한 사람들 속에 있을 때도
      이 마음의 상처를 항상 돌보아야 한다.

20   상처의 조그만 고통이 두려워
      상처를 조심한다면
      중합衆合*지옥을 두려워할진대
      어찌 마음의 상처를 돌보지 않으랴?

21 이와 같은 행동으로 머물 수 있다면
    악한 사람들 사이에 있거나
    여자들 가운데 있어도 괜찮다.
    굳건한 출가자는 기울지 않는다.

22 나의 재산과 명예
    몸과 삶은 없어지기 쉽다.
    다른 선행도 또한 기울기 쉽지만
    마음은 결코 기울어지지 않아야 한다.

23 '마음을 지키려고 하는 사람들이여!
    억념憶念과 정지正知**로
    모든 노력을 다하게 하소서'
    이렇게 저의 두 손 모읍니다.

24 병으로 [정신이] 헷갈리는 사람은
    모든 일에 힘이 없다.
    이처럼 무지로 마음이 혼란스러운 사람은
    어떤 일에도 힘이 없다.

---

*중합衆合은 8대 지옥의 하나로 수많은 고苦를 두루 합하여 몸을 핍박하며 상해하므로 이렇게 부른다. 두 개의 대철위大鐵圍산 사이에 죄인을 끼워 놓고 산을 합하여 죽게 하는 것이다.
**억념憶念은 마음에 새겨 잊지 않고(念) 항상 생각하는 것(憶)이며, 정지正知는 고요히 가라앉혀 바르게 알아차리는 것이다.

25 정지正知를 갖추지 못한 마음으로
    듣고 생각하고 명상을 한다 해도
    깨진 독에서 물이 새듯이
    억념憶念에 머물지 못한다.

26 들음(聞)이 있어 신심이 있는 사람이
    부지런히 정진을 해도
    정지正知가 없는 허물로 [인해]
    타라하여 더러워진다.

27 정지正知 없는 도둑은
    억념憶念이 기울면 따라오나니
    공덕은 쌓았지만
    도둑을 맞은 것처럼 같이 악취惡趣로 떨어진다.

28 이 번뇌라는 도둑의 무리는
    기회만 노리고 있다가
    기회를 얻으면 선업을 훔쳐 가고
    선취善趣의 생명까지도 빼앗아 간다.

29 그러므로 억념憶念을 마음의 문에서
    결코 기울어지지 않도록 해야 한다.
    사라졌다면 악취의 불행을 기억해서
    잘 챙겨야 한다.

30   스승과 함께하고 있는 곳에서
      법을 설하는 이의 가르침을 따르면
      삼가 선연善緣에 헌신하는 것에서
      억념憶念은 쉽게 일어난다.

31   모든 부처님과 보살님은
      항상 걸림 없이 보고 계시기에
      당신들이 현전現前하고 계신다면
      나도 항상 그들 앞에 있는 것이다.

32   이와 같이 생각하여 부끄러움과
      존경과 삼가함을 받아들이면
      그것이 부처님을 기억하는 것이고
      이에 계속하여 마음에서 일어나는 것이다.

33   어느 때고 억념이 마음의 문에서
      지키고, 머물면
      그때 정지正知는 올 것이며
      사라졌다 해도 돌아오게 된다.

34   순간 맨 처음과 같은 마음이 [아닌]
      이것이 허물이라고 알아차리듯이
      그때 나는 나무토막처럼
      굳건하게 머물 수 있으리라.

35   쓸데없이 산만하게 쳐다보는 것을
      결코 나는 하지 않으리라.
      언제나 마음을 모아
      시선을 아래로 모으리라.

36   응시하는 피로를 풀기 위해서
      가끔씩 주위를 둘러보아야 한다.
      만약 누군가 눈길에 들어오면
      보고서 '어서 오라'고 말해야 한다.

37   길에 어떤 위험이 있는지 확인하기 위해선
      몇 번 사방을 둘러보아야 하며
      휴식을 취하고 앞으로 나아갈 땐
      뒤를 돌아보아야 한다.

38   앞뒤를 잘 살펴보고
      가거나 혹은 올 때
      이처럼 모든 상황에서
      해야 할 것을 알아서 행해야 한다.

39   '몸의 상태는 어떠한가' 하고
      [점검] 해야 할 것을 준비한 후에도
      때때로 이 몸의 상태가
      어떻게 머물고 있는지 살펴봐야 한다.

40   마음의 미친 코끼리라는 놈을
      법法이라는 마음의 큰 기둥에
      풀리지 않게 묶어 놓고
      그와 같이 모든 노력으로 점검해야 한다.

41   모든 삼매로 노력한다는 것은
      순간이라도 벗어나지 않도록
      '나의 이 마음은 무엇을 하고 있는가?'
      이렇게 마음을 관찰하는 것이다.

42   두려움과 축제[생명이 걸린 일]에 관계하여
      만일 계속할 수 없다면 편안히 쉬어야 한다.
      이와 같이 보시를 할 때는
      계율을 평등하게 두도록 설하셨다.

43   그러나 어떤 것을 생각하고 일을 시작한 경우에는
      그 밖의 다른 것을 생각해서는 안 된다.
      그것에 생각을 집중하여
      그것을 짧은 시간에 성취해야 한다.

44   이렇게 하면 모든 것이 잘 이루어질 것이다.
      다른 두 가지는 되지 않는 법이다.
      정지正知가 아닌 수번뇌隨煩惱*는
      이렇게 함으로써 늘어나지 않는다.

45   쓸데없는 여러 잡담이나
      신기한 구경거리 등
      이런 모든 일에 끼어들게 되거든
      그에 대한 애착을 버려야 한다.

46   이유 없이 흙을 파고 풀을 꺾는다든가
      땅바닥에 그림을 그리다가도
      여래의 가르침을 기억하고
      누려움에 이를 낭상 버려야 한다.

47   지금 움직이고 싶고
      말하고 싶은 그 순간에
      먼저 자신의 마음을 점검해서
      견고하고 합당하게 행하여야 한다.

48   만일 자기 마음에 애착과
      화내는 마음이 일어난다면
      그때는 아무것도 행하지 말고 말하지 말며
      나무토막처럼 머물러야 한다.

* 수번뇌隨煩惱는 근본적인 마음의 번뇌에 따라오는 일체의 번뇌를 말한다.

49   거칠고 비웃으려 하거나
      자만심이 크게 차오르거나
      남의 허물을 들춰내려는 생각이 일어나고
      남을 속이려는 마음이 일 때 나무토막처럼 머물러야 한다.

50   스스로를 칭찬하고 싶고
      남을 얕보고 업신여기며
      또 나무라고 싸우려 할 때
      그때는 나무토막처럼 머물러야 한다.

51   재물과 존경과 명예를 원하고
      하인을 부리기 위해 찾거나
      내 마음이 공경을 받고 싶어하거든
      그때는 나무토막처럼 머물러야 한다.

52   이타행이 시들어 포기하려 하거나
      자기 이익을 추구하려 하고
      말하고 싶은 마음이 일어날 때
      그때는 나무토막처럼 머물러야 한다.

53   참을성 없이 게으르고 비굴하며
      염치없이 허튼소리를 일삼고
      자기만 생각하는 마음이 일어날 때
      그때도 역시 나무토막처럼 처신해야 한다.

54 이처럼 모든 곳의 번뇌와
부질없이 추구하는 마음을 살피면서
이럴 때 장부와 같은 대치對治법을 [적용하여]
이 마음을 굳건히 지켜야 한다.

55 완벽하고 굳은 신심으로
모든 이에게 겸손하고
부ㄲ러움을 알아차리며, 두려움과 함께
고요히 남을 기쁘게 하기 위해 노력해야 한다.

56 서로 맞지 않는 어리석은 이들이
원하는 것들 때문에 역겨워하지 말며
이것은 번뇌가 일어나 생긴 것이라고 알아차리는
사랑[자애로운 마음]을 가져야 한다.

57 나무랄 데 없이 [악의 없이] 일하고
자신과 중생에게 도움을 주면서
환영幻影과 같이 '내가 없다'는
이 마음을 항상 지켜야 한다.

58 길고 긴 세월이 지나서야
한가로운 이 몸을 얻었으니 몇 번이고 생각하여
이와 같은 마음이 수미산처럼
아무런 동요가 없도록 지켜야 한다.

59　독수리가 시체에서 고기를 탐해
　　서로 쫓고 끌어당길 때
　　마음 그대여! 몸에 기쁨이 없는데
　　어찌하여 지금 이 몸에 집착하는가?

60　이 몸을 '내 것'이라고 집착하면서
　　마음 그대여! 어째서 몸을 지키는가?
　　그대와 마음이 둘이어서 각각이라면
　　이것이 그대에게 무슨 소용이 있겠는가?

61　그대 어리석은 마음이여!
　　어째서 깨끗한 나무통을 간직하지 않고
　　더러운 것들이 모여 있는 이 기계를
　　썩어 가는 이 몸을 보호해서 무엇하려는가?

62　우선 먼저 피부를 차례로
　　자신의 지혜로 각각 분석해 보라.
　　살과 뼈의 그물을
　　지혜의 칼로 한 면을 잘라 보라.

63　뼈 또한 떼어 놓고
　　골수까지 보라.
　　그 안에 어떤 근본이 있는가.
　　스스로 깊이 분석해 보라.

64   이처럼 애써 찾아보아도 그것에서
      그대가 자신의 근본을 보지 못했다면
      지금껏 무엇 때문에 집착하며
      그대는 이 몸을 지켜 왔는가?

65   그대는 [몸 안의] 더러운 것을 먹지 못한다.
      피는 마실 수도 없다.
      또한 창자를 삼킬 수 없다면
      이 몸이 그대에게 무슨 소용이 있는가.

66   둘째로 독수리나 늑대의
      먹이나 되려고 이 몸을 지키는 것이 마땅한가?
      모든 인간의 이 몸은
      [착한 일을 하는 데] 사용되어야 한다.

67   그대가 그렇게 수호하여도
      저승사자가 무자비하게 빼앗아
      개나 새에게 준다면
      그때 그대는 어찌할 것인가.

68   하인을 더 이상 부리지 않는다면
      옷이나 기타 그 어떤 것도 줄 필요가 없다.
      이 몸은 먹여 주어도 다른 곳으로 가는데
      그대는 어찌하여 그를 위해 지치도록 양육하는가?

69   이 몸에게 품삯을 준다면
이제는 자기의 이익을 위한 일을 하도록 하라.
아무짝에도 쓸모없는 이 몸이라면
모든 것을 주지는 말아야 한다.

70   가고 오는 것에 이 몸을 이용하는 정도이니
몸을 '배'라 생각하여
모든 이의 이익을 이루기 위해
'뜻을 성취시키는 보배로운 몸'이 되어야 한다.

71   이처럼 [몸과 마음에] 자유가 있기에
항상 웃음 짓는 얼굴을 보이고
화를 내며 찌푸리거나 인상을 쓰지 말며
중생의 친구가 되고 진실해야 한다.

72   의자 같은 것을 옮길 때
경솔하게 소리를 내지 말아야 한다.
문도 세게 열지 말며
항상 겸손한 것을 즐겨야 한다.

73   물새나 고양이와 도둑은
소리 없이 눈에 띄지 않게
자기가 원하는 바를 달성한다.
보살 또한 이와 같이 행동해야 한다.

74 남을 격려하는 데 지혜롭고
청하지 않아도 도움을 베푸는 사람의 말은
존경으로 받들며
항상 모든 이의 제자가 되어야 한다.

75 칭찬하는 모든 말은
선한 말씀이라고 여겨야 한다.
복덕을 쌓는 사람을 본다면
칭찬과 함께 기뻐해야 한다.

76 [남의] 덕을 말할 때는 없을 때 해야 하며
[그의] 덕을 칭찬할 때면 따라서 함께해야 한다.
나의 덕을 칭찬한다면
[자신에게] 그런 덕이 있는지 잘 살펴야 한다.

77 모든 노력은 [남의] 기쁨을 위한 것이어야 한다.
그것은 돈으로도 사기 어려운 것이다.
그러므로 남이 행한 덕행을 기뻐하며
[그의] 행복을 즐겨야 한다.

78 [이렇게 하면] 나에게 이 생에는 손해가 없고
다음 생에 더 큰 안락이 온다.
[남에게 지은] 허물 때문에 기쁨이 없고 고통이 오며
다음 생에는 더 큰 고통이 온다.

79 말은 마음에 맞고 의미가 있고
    뜻이 분명하고 호감을 주며
    성내는 마음(瞋心)과 탐심을 끊고
    부드럽고 상황에 맞게 해야 한다.

80 눈으로 유정을 바라볼 때도
    '나는 이에 의지해서
    부처가 되리라'라고 생각하며
    바르고 사랑스럽게 보아야 한다.

81 항상 커다란 원력을 일으키고
    [삼독三毒의] 해독제(對治)를 일으켜서
    공덕과 은혜의 복전이 되며
    고통받는 이에게 큰 선업이 되어야 한다.

82 지혜와 신심을 가지고
    항상 선업은 내가 할 것이며
    어떤 일이건 내가 해야 될 일이라면
    누구에게도 의지하지 말아야 한다.

83 보시 등의 바라밀 중에서
    순서에 따라 [단계적으로] 중요하게 행하여
    작은 것 때문에 큰 것을 포기하지 말라.
    중요한 것은 남을 위한 생각을 하는 것이다.

84 이렇게 바로 알아차려
    남을 위해서 항상 노력해야 한다.
    대자비를 지닌 분이 멀리 내다보시어
    [소승에서] 금지된 것도 [대승에서는] 허용된다.

85 실의에 차 의지할 데 없는 사람
    계율에 머무는 자에게 [음식을] 나눠 주고
    적당한 분량만 먹도록 하며
    세 가지 법의法衣 이외에는 모두 베풀어야 한다.

86 정법에 사용해야 할 이 몸을
    사소한 것을 쫓으며 해롭게 하지 말라.
    이와 같이 행하면
    중생의 뜻을 속히 이루게 되리라.

87 청정하지 못한 자비의 의도로
    이 몸을 버려서는 안 된다.
    어떤 일을 하건 금생과 내생에
    큰 목적을 성취하는 수단으로 써야 한다.

88 존경심이 없는 이에게는 법을 설하지 마라.
    아프지도 않은데 머리에 천을 두르거나
    우산이나 지팡이, 무기를 지니거나
    또 머리를 천으로 가린 사람에게는 법을 설하지 말라.

89 소승인에게 넓고 깊은 이 [대승의] 법을
    또 남편을 동반하지 않은 여자에게는 설하지 마라.
    소승과 대승의 가르침을 똑같이
    모두 존경하며, 행해야 한다.

90 광대한 법의 그릇이 되는 사람에게
    소승의 법을 담지 말라.
    지계행持戒行을 결코 버리지 말고
    현교와 밀교를 [구분하여] 현혹하지 말라.

91 치목齒木과 침을 뱉게 되면
    보이지 않게 덮어야 한다.
    소변 등을 사용 중인 물과 땅에
    버리는 것은 부끄러운 일이다.

92 밥 먹을 때 한입에 너무 많이 먹지 말고
    소리 내지 말며 입을 벌려 먹지 말고
    다리를 쭉 뻗고 앉지 말며
    두 손을 무례하게 마주 비비지 말라.
    [이런 행동은 거만과 교만의 의미가 된다.]

93 말 등을 타지 말며
    침구나 자리에 혼자 남의 부인과 함께 있지 말고
    세상 사람이 혐오하는 모든 것에 대해
    보았거나 들어온 것은 [모두] 버려야 한다.

94 한 손가락으로 가리키지 말라.
    존경스럽게 오른손으로 할지니
    모든 손가락을 다 펴서
    항상 이런 식으로 길도 가리켜야 한다.

95 손을 크게 휘젓지 말라.
    조그만 손짓으로 신호를 보내고
    손가락 튕기는 정도로 하라.
    그렇지 않으면 율의律儀를 어기게 된다.

96 부처님께서 열반에 드실 때처럼
    자고 싶은 방향으로 누워야 한다.
    정지正知를 속히 일으키는 마음을
    [잠에 들기 전에] 처음부터 분명하게 지녀야 한다.

97 보살의 행동에 대해서는
    수없이 말씀하셨던 것 중에서
    마음을 정화하는 방법이
    확실할 때까지 행해야만 한다.

98   아침에 세 번, 저녁에 세 번
      『삼취경三聚經』*을 독송하라.
      부처님과 보살에 의지하므로
      남은 죄는 정화된다.

99   자력自力이건 타력他力이건
      어떤 상황에서 무엇을 할지라도
      학처學處에서 가르친 대로
      순간순간 따라서 노력하고 배워야 한다.

100   보살들이 가르치지 않은 것은
      어디에도 없으니
      이와 같이 머무는 데 정통한 자에게
      복덕이 아니 될 것은 아무것도 없다.

101   직접적이거나 간접적이거나
      중생을 위한 일 외에 다른 것은 하지 않는다.
      오직 중생의 이익을 위해서
      모든 것을 깨달음으로 회향한다.

102   항상 선지식을 통해서
      대승의 의미에 정통하여
      보살의 계율을 잘 지켜
      목숨을 걸고서라도 버리지 말아야 한다.

103 『화엄경』의 선재동자 해탈법문善財童子 解脫法問에서
     스승에 의지하는 방법을 배워야 한다.
     이것과 부처님이 말씀하신 것은
     다른 경장經藏을 읽고 알아야 한다.

104 여러 경장에서 학처를 보여 주셨으니
     이에 의해서 경전을 읽어야 한다.
     『허공장경虛空藏經』은
     처음부터 보아야 한다.

105 어쨌든 항상 공부해야 할 것으로는
     넓고 깊게, 자세히 설명되어 있는
     『대승집보살학론大乘集菩薩學論』을
     반드시 몇 번이고 보아야 한다.

106 또한 가끔 간략하게 정리해 놓은
     『집경론集經論』**을 보아야 한다.
     존귀하신 용수 보살께서 지으신 [또 다른 『집경론』의]
     제2부도 부지런히 잘 보아야 한다.

---

* 『삼취경三聚經』은 삼십오불 참회문 : 三十五佛懺悔文이라고도 불리며, 참회와 공덕 그리고 회향의
  기도문을 담고 있다. 매일 수지 독송하여 신구의 삼업을 정화할 때 의지하는 경전이다.
** 『집경론集經論』은 적천 스님이 지은 것과 용수 보살이 지은 것 두 가지가 있다.
   원제는 『대승보요의론大乘寶要義論』이다.

107 모든 경장에서 어떤 것도 막지 않았으니
     그 자체에서 수행하고
     세상 사람들의 마음을 지키기 위해
     가르침을 보고서 바르게 실천해야 한다.

108 몸과 마음의 상태를
     거듭거듭 살피는 것
     이것을 한마디로 요약해서 말하면
     정지正知를 지키는 성상性相이다.

109 이 모든 것을 몸으로써 실행하리라.
     말로만 한다면 무엇을 이룰 것인가?
     단순히 치료법을 읽은 것만으로
     병자에게 [무슨] 도움이 되겠는가?

제6장

인욕품
忍辱品

1   몇 천 겁을 쌓아 온 보시와
     부처님께 올린 공양 등
     어떠한 선행 그 모든 것도
     단 한 번의 성내는 마음(瞋心)으로 무너진다.

2   분노보다 더한 죄악은 없고
     인욕忍辱보다 더 어려운 고행은 없다.
     이에 진지하게 인욕을
     여러 가지 방법으로 수습修習해야 한다.

3   화내는 마음의 고통을 지니면
     마음은 고요한 편안함을 경험할 수 없으며
     기쁨과 안락을 얻지 못하여
     잠이 오지 않고 불안하게 된다.

4   모든 재물과 존경으로
     그 은혜에 의지하는
     그들 역시 진심瞋心을 가진
     그 주인에게 대들며 죽이려고 한다.

5   그의 친구나 친척도 실망하며
     보시로 거두어 보지만 믿지 않는다.
     간단히 말해 진심瞋心을 일으켜서
     행복하게 사는 사람은 하나도 없다.

6   분노의 원수가
    모든 고통을 만든다.
    누군가 집중하여 분노를 부수어 버린다면
    이 생과 내생에는 행복을 얻으리라.

7   하기 싫은 일을 해야 하며,
    하고자 하는 것에 장애가 생기면 분노가 일어난다.
    불안함을 먹이로 삼아
    분노가 늘어나서 나를 멸한다.

8   그러므로 나는 먼저 분노라는 적
    이 원수의 근원을 부수어 버려야 한다.
    이처럼 나를 해롭게 하는 것은
    이 원수 외에 다른 것은 없다.

9   무언가가 나에게 닥칠지라도
    기쁨의 마음은 흔들리지 말아야 한다.
    기쁜 마음으로 하지 않으면 원하는 바를 성취하지 못하고
    모든 선행은 시들게 된다.

10 만약 고칠 수 있다면
    이에 좋아하지 않을 게 무엇이 있겠는가?
    만약 고칠 수 없다면
    이에 좋아하지 않는 것이 무슨 도움이 되겠는가?

11 나와 나의 친구에게는
　　고통과 멸시와 악어惡語
　　불쾌한 것을 원치 않는데
　　나의 적은 이와 반대다.

12 행복의 원인은 아주 드물고
　　고통의 원인은 아주 많다.
　　고통 없이는 출리심出離心이 생기지 않는다.
　　그러므로 마음 그대여, 굳건히 지녀라!

13 어떤 고행자들과 까르나빠(Karnapa)사람*들은
　　잘리고 지지는 고통을 쓸데없이 감수한다.
　　해탈을 위한다는
　　나는 어찌하여 겁쟁이인가?

14 익숙해지면 쉽지 않은 대상은
　　어디에도 없다.
　　그러므로 작은 해로움에 익숙해져
　　큰 해로움을 참도록 하라.

---

* 까르나빠(Karnapa) 사람 : 힌두교에서의 여신 두르가(Durga)를 섬기는 고대 인도의 고행주의자
들을 말한다. 마치 고행을 경쟁하듯 하며, 고행을 수행의 척도로 삼는다.

15   뱀, 쇠파리 등과
      굶주림과 목마름 등의 느낌
      백선白癬 등 피부병 같은
      하찮은 고통을 어찌 보지 못하는가?

16   더위와 추위, 비바람이나
      병, 감금, 구타 등에
      나는 엄살을 부리지 않으리라.
      그렇게 하면 해로움이 더욱 증가하기 때문이다.

17   어떤 이는 자신의 피를 보고
      더욱 용기를 내고
      어떤 이는 남의 피를 보고
      넋을 잃고 쓰러진다.

18   이것은 마음의 견고한 성품과
      겁쟁이의 태도에서 생기는 것이다.
      그러므로 이익을 바라지 말고
      고통이 자리 잡지 않도록 하라.

19   현자賢者는 고통을 당하여도
      마음이 조금도 흔들리지 않는다.
      번뇌와 싸우는
      큰 전쟁에는 수많은 역경이 따른다.

20   모든 고통을 하찮게 여기고
      진에瞋恚 등의 적을 이겨 낸다.
      이런 것에 승리함을 영웅이라 하며
      나머지는 단지 시체를 죽이는 것뿐이다.

21   또한 고통에는 다른 공덕이 있으니
      그러한 염리심厭離心으로 교만한 마음을 없애는 것이다.
      윤회에 헤매는 자에게 자비심을 일으키게 하고
      악을 삼가며 선을 좋아하게 하는 것이다.

22   황달黃疸 등 고통의 큰 근원에
      화를 내지 않는다면
      심식心識이 있는 것에는 어째서 화를 내겠는가?
      그 모든 것 또한 연緣에 의해 생기는 것이다.

23   예를 들어 원치 않는데도
      이런 병이 생기는 것처럼
      비록 바라지 않는데도
      번뇌는 계속하여 일어난다.

24   '화를 내리라'고 생각하지 않지만
      사람들은 대개 화를 낸다.
      '일으키겠다'고 생각하지 않지만
      그와 같이 화는 일어난다.

25 이 세상의 모든 범죄와
    여러 가지 죄악들
    이런 모든 것은 연緣의 힘에서 생긴다.
    독립적인 것은 하나도 없다.

26 또 함께 모인 이런 인연因緣도
    '생기게 하겠다'는 의지가 있는 것도 아니다.
    그리고 생긴 것이 '내가 생겨났다'는
    의지가 있는 것도 아니다.

27 수론학파數論學派*가 주장하는 원질原質**이나
    진아眞我(靈我)라고 가정假定하는 무엇이나
    그 스스로 '나는 생겨나겠다'라며
    일부러 생각하고 생겨나는 것은 없다.

28 '생기지 않는 것' 이것이 없다면
    그때 생기기를 원하는 것은 무엇이든
    항상 대상에 이끌리기에
    멈추지 않는다.

*수론학파數論學派는 고대 인도 6파 철학의 하나로 상키야Sāṃkhya학파를 말한다.
**원질原質은 산스크리트로 쁘라끄르데Prakṛti라고 하는데, 근본정신 원리인 진아Puruṣa에 대응하는
근본물질 원리를 말한다. 이러한 주장은 인도철학의 한 유파인 상키야Sāṃkhya학파가 세운 이론적
체계이다.

29 더군다나 '나(我)'라고 하는 이것이 영원하다면
허공과 같이 행하는 것이 없음이 분명하다.
그렇다면 외연外緣과 접촉한다 해도
변함없는 것에 어떻게 영향을 끼칠 수 있을까?

30 행할 때라도 전과 같다면
행함으로 이것에 무엇을 할 수 있을까?
'이것의 행함이 이것'이라 한다면
관계되는 것이 무엇이 있겠는가?

31 이와 같이 모든 것은 다른 힘
그의 힘은 그 힘이 아니다.
이와 같이 알고서 환영幻影[과 같은 현상]의
모든 실재에 화내지 말아야 하리라.

32 어떤 것으로 무언가를 부정하고
부정하는 것 역시 합당하지 않다고 한다면
그에 의지하는 고통의
흐름을 끊으려고 하는 것은 불합리하지 않다.

33 그러므로 적이나 혹은 친구가
마땅하지 않은 것을 저지르는 것을 볼지라도
이처럼 연緣에서 비롯된 것이라고
생각해서 편하게 받아들여야 한다.

34   만일 자기가 바라는 것만을 이룬다면
     누구도 고통을 원치 않기에
     몸을 가진 어떤 중생에게도
     고통은 일어나지 않을 것이다.

35   조심성이 없어 자기에게
     가시 등으로 해를 가한다.
     여인 등을 얻기 위하여
     욕심을 내며 음식을 끊는 짓을 한다.

36   어떤 이는 자살을 하고, 낭떠러지로 뛰어내리며
     독약과 몸에 해로운 음식을 먹는다.
     공덕이 아닌 행동으로
     자기를 해치는 자가 있다.

37   항상 번뇌의 힘에 이끌려서
     사랑스러운 자신의 몸까지도 죽이는
     그때 그들이 타인의 몸에
     어떻게 해를 입히지 않겠는가?

38   그렇게 번뇌를 일으켜서 그와 같이
     자신을 죽이는 행위를 하는 자에게
     자비심을 일으키지는 못할망정
     화를 내는 것이 무슨 소용이 있는가?

39　마치 남에게 해를 끼치는 것이
　　어리석은 자의 본성이라면
　　그들에게 화를 내는 것은 옳지 않으니
　　태우는 것이 본성인 불에게 화를 내는 것과 같다.

40　그러나 이것은 순간적인 잘못
　　중생의 본성은 선량한 것이므로
　　그들에게 화를 내는 것은 옳지 못하니
　　허공에 긴 연기를 나무라는 것과 같다.

41　몽둥이 등의 물건을 사용하여
　　때리는 사람에게 만일 화를 낸다면
　　그 또한 진심瞋心이 시킨 것이므로
　　두 번째인 진심瞋心에게 화를 내는 것이 마땅하리라.

42　나는 이전에 중생들에게
　　이와 같은 해악을 저질렀다.
　　그러므로 유정有情에게 피해를 입힌
　　나에게 이런 해가 생기는 것은 마땅하다.

43　그의 칼과 나의 몸
　　이 두 가지가 모두 고통의 원인이다.
　　그가 칼로 나의 몸을 찌른다면
　　누구에게 화를 낼 것인가?

44 종기가 난 사람의 몸처럼
　　닿으면 참을 수 없는 고통이 있는 이 몸
　　갈애渴愛에 내가 눈멀었다면
　　이것으로 상처받는 것은 누구에게 화를 낼 것인가?

45 어리석은 자는 고통을 원하지 않으면서도
　　고통의 원인에는 애착한다.
　　자기의 허물로 비롯된 [과보의] 해악에
　　화를 내는 것이 무엇이란 말인가!

46 예를 들면 지옥의 옥졸이나
　　날카로운 칼날의 숲 등은
　　자신의 이 업業으로 생긴 것이다.
　　그런데 누구에게 화를 낼 것인가!

47 나의 업에 이끌려서
　　나를 해치는 자들이 생긴다.
　　이것으로 그들이 지옥에 떨어진다면
　　내가 그들을 버린 것이 아닌가?

48 이런 것을 인내함으로써
　　나의 악업은 많이 정화된다.
　　그러나 나로 말미암아 그들은
　　긴긴 고통의 지옥에 떨어진다.

49 나는 그들에게 가해자이고
    그들은 나에게 은혜자이다.
    전도順倒된 생각으로 길들여지지 않은 그대여!
    어찌하여 화를 내는가?

50 만약 나에게 인내의 공덕이 있다면
    지옥에는 가지 않을 것이다.
    [그로 인하여] 나는 보호받겠지만
    그들은 어떻게 보호할 수 있겠는가?

51 그러나 앙갚음으로 해를 끼친다면
    그들을 보호하지 못하는 것이니
    나의 수행은 기울어지고
    그리고 고행은 무너지게 되리라.

52 마음은 몸을 갖고 있지 않아서
    누구도, 언제라도 부술 수가 없다.
    몸을 진정으로 애착한다면
    육체의 고통으로 해를 입는다.

53 모욕과 악어惡語
    거북한 말, 이것들이
    육체에 해를 끼치지 않는다면
    어찌하여 그대의 마음은 그렇게 화를 내는가?

54   남들이 나를 싫어한다 해도
      그들이 이 생이나 다른 생에도
      나를 해치지 못하니
      나는 무엇 때문에 싫어함을 받아들이지 못하는가?

55   세속에서 얻은 것은
      내가 비록 이것을 원하지 않는다 해도
      내가 얻은 이것들은 없어지고 마는 것이다.
      [그러나] 모든 죄악은 끝까지 남는다.

56   나는 오늘 죽어도 괜찮다.
      삿된 삶을 오래 살지는 않으리라.
      내가 오래 산다 할지라도
      죽음의 고통 그 자체이기 때문이다.

57   꿈속에서 백 년을 즐긴 뒤에
      깨어나면 무엇하며
      어떤 이가 순간을 즐긴 뒤에
      깨어나면 무엇하겠는가?

58   [잠에서] 깨어난 그들 둘 다에게
      그 즐거움은 다시 오지 않는다.
      오래 살고 일찍 죽는 두 가지 또한
      임종 시에는 꿈처럼 끝나 버린다.

59 많은 재산을 얻었을지라도
　　오랫동안 행복하게 살았더라도
　　도둑에게 죄다 빼앗긴 것처럼
　　알몸에 빈손으로 가야 한다.

60 만약 재산을 [베풀면서] 사는 것을
　　죄악은 줄이고 복덕을 행하는 것이라 한다면
　　재산 때문에 화를 내면
　　복덕은 줄어들고 죄악은 늘어나지 않겠는가?

61 무언가를 위해
　　내가 살아가는 이 삶이 기울어진다면
　　오직 악행만 저지른 그 삶이
　　무슨 소용이 있겠는가?

62 만일 다른 사람이 치우쳐 [하는]
　　듣기 싫은 말에 화가 난다면
　　다른 이에게 듣기 싫은 말을 하는 것에는
　　그대 어찌하여 그와 같이 화를 내지 않는가?

63 믿지 못할 다른 사람에게
　　신뢰가 떨어져도 그것을 참을 수가 있다면
　　번뇌를 생기게 하는
　　듣기 싫은 말은 어찌하여 참지 못하는가?

64 불상이나 탑, 정법正法을
   헐뜯고 훼손하는 사람이 있어도
   내가 그들에게 화를 내는 것은 옳지 않으니
   그런 것으로 부처님께서 해를 입지 않기 때문이다.

65 스승과 친척, 나의 친구들에게
   해악을 끼치는 자도
   옛날의 연緣에 의해 생긴 것으로 보고
   화를 물리쳐야 한다.

66 몸 가진 자에게 유정물有情物과 무정물無情物
   둘 다로부터 해를 입는데
   왜 유정물에게만 화를 내는가?
   그러므로 해를 입더라도 참아야 한다.

67 어떤 이는 무명無明으로 죄를 짓고
   어떤 이는 무명으로 화를 내니
   이에 누구는 허물이 없다 하고
   누구는 허물이 있다 할 것인가?

68 무언가 다른 이가 해를 가하게 하는
   그런 업을 이전에 왜 저질렀던가?
   모든 것이 업에 달려 있다면
   나는 어찌하여 이에 화를 내는가?

69   그와 같이 알았으니 어떤 것에도
      서로 모두가 사랑(慈)의 마음으로
      변화하는 것과 같이 나는
      복덕을 [짓기 위해] 집중하리라.

70   예를 들어 집을 태우고 있는 불이
      다른 집으로 번진다면
      지푸라기같이 불길이 번지는 것들을
      끌어내어 옮기는 것이 옳은 일이다.

71   이처럼 어떤 것[재물, 명예]에 대한 집착으로
      분노의 불이 번질 때
      복덕의 보배가 불타지 않도록
      집착의 근원을 즉시 버려야 한다.

72   사형선고를 받은 사람이 단지 손목이 잘리는 것으로
      만약 죽음을 면할 수 있다면 얼마나 다행일까?
      만일 단순한 삶의 고통으로
      지옥의 고통을 면할 수 있다면 얼마나 다행일까?

73   지금 이 정도 고통도
      내가 참을 수 없다면
      지옥 고통의 근원인 성냄은
      어찌하여 버리지 못하는가?

74   욕망을 위해서 불에 타는 등
      몇천 번의 지옥을 겪었건만
      나는 나를 위해서
      남을 위해서도 행하지 않았다.

75   이것은 그만큼 해로운 것이 아니니
      큰 뜻을 이루기 위해서라면
      중생의 해로움을 없애는 고통[쯤은]
      오직 기뻐하며 실천해야 마땅하다.

76   타인[원수]의 공덕을 찬탄하면서도
      만일 기쁨의 행복을 얻는다면
      마음 그대여! 그를 찬탄하여
      어찌 그와 더불어 [기쁨의 행복을 얻는 것을] 즐거워하지 않는가?

77   그대가 기뻐하는 이 행복은
      안락의 근원이며 죄가 아니다.
      덕을 갖춘 이의 가르침이다.
      타인을 모으는 최고의 방편인 것이다.

78   '타인도 그와 같이 행복하다'고 [그대는] 말한다.
      만일 그대가 이런 기쁨을 바라지 않는다면
      품삯이나 보시를 거절하는 것이니
      이 세상과 저 세상의 행복도 쇠하여질 것이다.

79   자신의 공덕을 칭찬할 때
     다른 사람도 즐거워하기를 바란다.
     [그러나] 타인이 공덕을 칭찬 받을 때
     나 자신은 행복해하지 않는다.

80   일체중생의 안락을 바라고
     깨달음의 마음을 일으켰다면
     중생이 스스로의 안락을 구하는 데
     어찌하여 진에심瞋恚心을 일으키는가?

81   모든 중생이 삼계三界에서
     공양을 받는 부처가 되기를 바란다고 하면서
     그들이 받는 하찮은 존경을 보고는
     어찌하여 그렇게 괴로워하는가?

82   그대가 양육해야 할 사람은 양육하고
     그대가 베풀어야 할 이 친척이
     [스스로] 생활을 꾸려갈 수 있다면
     기쁘게 생각하지 않고 오히려 화를 내는가?

83   중생에게 이런 바람 없이
     어찌 깨달음을 원할 수 있으리.
     누군가 타인의 원만함에 화를 내는 거기에
     [어찌] 보리심이 있단 말인가?

84 만일 [나의 원수인] 그가 그곳에서 얻었거나
시주자의 집에 그대로 있거나
그 전체가 그대에게 없다면
너에게 주든 주지 않든 무슨 관계가 있는가?

85 복덕자량도 믿음도
나의 공덕인 것을 어찌하여 버릴 것인가?
얻은 것을 지니지 못함에
무엇이 화나지 않게 하는지 말해 보라.

86 그대는 자신이 저지른 죄악을
괴로워하기는커녕
다른 사람이 지은 복덕에
함께 경쟁하려 하는가?

87 만일 원수에게 불행한 일이 일어난다 해도
이에 그대가 좋아할 일이 뭐 있겠는가?
그대의 바람만으로는
원수에게 해의 원인이 되지 않는다.

88 그대의 희망대로 원수에게 고통이 생겼다 해도
그대가 좋아할 게 뭐 있겠는가?
만일 그대가 만족해한다면
그보다 더 사악한 일이 또 어디에 있겠는가?

89   번뇌는 어부가 던진 낚시
      이것은 참으로 날카롭다.
      이에 걸리는 것은 '지옥의 옥졸이 화탕지옥의 가마솥에
      나를 집어넣고 삶는' 것과 같다.

90   칭찬과 명성의 공경은
      복덕도 되지 않고 수명도 되지 않는다.
      나에게 힘을 주거나 무병無病도 주지 않는다.
      또한 육신의 안락도 되지 않는다.

91   내가 이 점을 알아차린다면
      거기에 '나를 위한 것'이 무엇이 있겠는가?
      단지 마음이 편안해지는 것을 원한다면
      도박 등과 술에도 의지해야 하리라.

92   명예를 위해서 재산을 낭비하고
      나 자신까지도 죽일 수 있다면
      [명예라는] 말이 무슨 소용이 있단 말인가?
      죽으면 이것이 누구에게 안락이 되겠는가?

93   모래성이 무너질 때
      어린아이들이 얼마나 우느냐?
      이처럼 칭찬과 명예를 잃을 때
      나의 마음은 어린아이와 같아진다.

94 금방 사라지는 소리는 생명이 없는 것이니
나를 칭찬하는 마음이 있을 수 없다.
다른 사람이 '나를 좋아한다'는
이 명성이 기쁨의 원천이 된다는 것인가?

95 [그 칭찬이] 남이건 혹은 나이건 간에
다른 사람의 기쁨이 나에게 무슨 이득이 될 것인가?
기쁨과 행복은 그를 [칭찬하는 사람의] 것이기에
나는 거기서 한 부분도 얻지 못한다.

96 그의 즐거움에서 나의 즐거움이 생긴다면
누구에게나 이런 식으로 해야 한다.
타인의 즐거움이 모두에게 기쁨이 된다면
어찌 나에게도 기쁨이 되지 않겠는가?

97 그렇게 '내가 칭찬받고 있다'는 생각에서
자기에게 기쁨이 생긴다면
이 또한 맞지 않는 것이기에
오직 어린아이와 같은 행동일 뿐이다.

98 이런 칭찬 등은 나를 미혹하게 하는 것이다.
이것은 염리심厭離心도 무너뜨리며
덕스러운 자를 질투하게 하고
원만함도 무너뜨린다.

99 그러므로 나의 칭찬 등을
없애려고 들고 일어나는 사람들은
내가 악도에 떨어지는 것을
막기 위해 있는 사람들이 아닌가?

100 해탈을 구하는 나는
재산과 존경으로써 구속받는 것을 원하지 않는다.
나를 이 속박에서 해방시키려는 자
그들에게 내가 어찌 진심瞋心을 일으키랴.

101 [윤회] 고통 속으로 들어가기를 원하는 나에게
부처님의 가피와 같이
타락하지 않게 문을 열어 주는 그들에게
어찌 내가 진심瞋心을 일으키랴.

102 이것이 복덕을 가로막는 것이라고 해도
거기에 화를 내는 것은 옳지 않다.
인내와 같은 고행은 없으니
여기에 내가 있는 것이 아니겠는가?

103 나 자신의 허물로 인해
이를 참고 견디지 못한다면
복덕의 원인이 가까이 왔음에도
이를 내가 방해하고 놓치는 것이다.

104 어떤 것은 무언가가 없으면 생겨나지 않는다.
어떤 것은 무언가가 있어야 생겨난다.
이것이 저것의 원인인데
어찌 그것을 방해라고 하는가?

105 때에 맞춰 나타나는 걸인이
보시에 방해가 되는 것은 아니다.
출가를 하게 해 주는 것이
승려가 되는 것에 방해라고 할 수 없다.

106 세상에 거지는 많지만
해를 끼치는 거지는 드물다.
이처럼 남에게 해를 끼치지 않으면
누구도 [나를] 해치지 않는다.

107 그러므로 고생하지 않고
집안의 보물을 찾는 것처럼
보리행菩提行을 벗 삼아
나는 원수를 좋아하리라.

108 그와 함께 내가 인내를 수행할 수 있었으므로
인내의 열매는
그에게 먼저 주어야 한다.
왜냐하면 그는 인내의 원인이기 때문이다.

109 만일 인내를 성취하게 하려는 의도가 없었기 때문에
이 적에게 공양을 올릴 까닭이 없다면
수행의 원인이 되는 정법正法에는
어찌하여 공양을 올리는가?

110 만일 이 적이 해를 끼칠 의도가 있기 때문에
공양을 올릴 곳이 아니라고 한다면
[또] 의사처럼 좋은 일만 하려 한다면
나는 어떻게 인내를 수행할 수 있을까?

111 그러므로 그의 나쁜 진심瞋心에 의지하여
인내심이 생긴다면
그는 인내의 원인이기 때문에
정법正法과 같이 공양 받을 가치가 있다.

112 그러므로 "중생의 복전福田은 부처의 복전이다."라고
부처님께서 말씀하셨다.
이에 기뻐하는 많은 사람들이
이와 같이 완전함에 도달해 왔기 때문이다.

113 중생들과 부처가
불법을 성취하는 것은 같은데
부처님을 존경하는 것처럼
중생을 [존경하지] 않는 것은 무슨 태도인가?

114 의도하는 공덕은 서로 다르지만
그 열매는 서로 같기에
모든 중생은 귀중하고
그들은 모두 동등하다.

115 사랑(慈)의 마음이 있어 헌공하는 것
그 자체가 중생의 [고귀한] 성품이다.
부처님을 믿는 공덕은
그 자체가 부처의 [고귀한] 성품이다.

116 불법佛法을 성취할 수 있기에
그들은 동등한 것이 분명하다.
[그러나] 부처님의 무한한 공덕의 바다는
어떤 중생도 부처님과 같지 않다.

117 최고의 공덕을 쌓은 하나뿐인 [이의]
공덕의 한 부분만이라도
어떤 이에게 나타난다면 그에게 공양을 하기 위해
삼계를 다 바쳐도 부족하리라.

118 수승한 불법佛法에서 생긴 한 부분만이라도
어떤 유정에게 갖추어져 있다면
이 부분에 순응하여
유정에게 공양을 올림이 마땅하다.

119 더군다나 속임이 없는 친척이 되어 주고
무량한 은혜를 베풀어 주시는 분들께
유정을 기쁘게 해 주는 것 외에
어떤 다른 것으로 보은報恩을 할 수 있겠는가?

120 모든 것을 위해서 몸을 버리고 무간지옥에 들어가신다.
이 은혜에 보답하기 위해서라면
그들이 크게 해를 끼치려 해도
모두에게 다양한 선을 행해야 하리라.

121 부처님께서 우선 나의 주인이 되셨지만
모두를 위해서는 자신의 몸도 돌보지 않는다.
이에 나는 어찌 어리석은 자만에 가득 차서
유정의 종이 되어 실제로 행동하지 못하는가?

122 어떤 이의 안락에 부처님은 기뻐하신다.
어떤 이가 해를 당해도 부처님은 기뻐하지 않으신다.
그들을 기쁘게 하는 것이 부처님을 기쁘게 하는 것이며
그들을 해치는 것은 부처님을 해치는 것이다.

123 이처럼 전신을 불에 데인 사람은
원하는 어떤 물건으로도 마음에 만족을 얻지 못한다.
이처럼 중생에게 해를 입힌다면
대자대비하신 그분께 기쁨을 드릴 방법이 없다.

124 그러므로 내가 중생에게 해를 끼치는 것은
모든 대자대비하신 분이 싫어하는 것!
오늘 그 죄악을 하나하나 참회하오니
부처님의 마음을 상하게 한 모든 것을 용서하시기를!

125 여래를 즐겁게 하기 위하여
오늘부터 결단의 행으로 하인이 되리라.
많은 사람이 발로 차고, 나의 머리를 때려도 좋다.
살해된다 하여도 [나를] 돌보지 않고 세상의 보호자를 기쁘게 하리라.

126 대자대비하신 부처님은 이 세상의 모든 중생을
당신과 같이 대하심에 의심이 없으셨다.
유정의 자성自性을 보시는 보호자 그 자체이시니
어찌 제가 존경하지 않으리까?

127 이 자체가 그대로 여래를 기쁘게 하는 것이다.
자기의 일을 완벽하게 성취하는 것이 바로 이것이다.
세상의 고통을 없애는 것도 이것이기에
나는 항상 이것을 하리라.

128 예를 들어 왕의 신하 몇몇이
많은 민중에게 해로운 짓을 할 때
선견지명을 갖춘 사람은 힘이 있어도
그를 되받는 해악을 끼치지 않는다.

129 이와 같이 [하는 것은] 그가 혼자가 아니고
　　왕의 세력과 그의 무리[가 있기 때문이다.]
　　이와 같이 작은 해를 끼치는 하찮은 이도
　　결코 멸시하지 않으리라.

130 이처럼 지옥의 사자와
　　대자대비 불자佛子의 무리이기에
　　민중이 사나운 왕을 모시듯이
　　나는 모든 중생을 받들리라.

131 아무리 화가 난 임금이라도
　　유정을 불만족스럽게 하여
　　겪어야 할 그 어떤 것도
　　지옥의 재앙과 같을 수 있을까?

132 아무리 친절한 임금이라도
　　유정을 기쁘게 해
　　얻게 될 그 무엇이
　　부처의 경지가 우리에게 주는 [기쁨에] 견줄 수 있으랴!

133 미래에 부처가 되는 것은 제쳐 두고라도
　　중생을 받드는 데서 생기는
　　이 생에서 얻을 영광과 명예와 행복을
　　어찌하여 보지 못하는가?

134 윤회 속에서 인내하여
미모 등 무병과 명성과 함께
아주 긴 수명을 가지며
전륜성왕轉輪聖王의 많은 안락을 얻는다.

제7장

정진품 精進品

1   이와 같이 인욕忍辱으로 정진을 해야 한다.
     오직 정진하는 데에 깨달음이 있기 때문이다.
     바람 없이는 움직임도 없는 것과 같이
     복덕자량福德資糧은 정진 없이 생기지 않는다.

2   정진이란 무엇인가? 선법善法에 기뻐하는 것이다.
     그 반대편을 말하면
     게으름과 악에 대한 애착과
     나태懶怠에 의한 자기경시自己輕視이다.

3   나태에서 편안을 맛보고
     잠자는 데 탐착하여
     윤회의 고통에 염리심厭離心을 내지 못하면
     게으름은 쉽게 자라난다.

4   번뇌의 올가미에 걸려
     탄생의 그물망에 갇히고
     죽음의 언저리에 다다랐음을
     그대는 아직도 알지 못하는가.

5   가족이 차례로 죽어 가도
     그대는 보지 못하는가.
     그래도 깊은 잠에 빠진 그대여!
     도살장의 소와 같구나.

6   모든 길은 막혀 있고
     저승사자는 노려보고 있는데
     그대는 어찌하여 먹는 것만 즐기고
     이처럼 잠자는 것을 좋아하는가?

7   죽음은 빨리도 오고 있는데
     그때 자량을 쌓는다 한들
     그때 게으름을 버린다 한들
     때가 아니기에 [늦었는데] 무슨 소용이 있는가?

8   이것은 [아직] 하지 않았고 이것은 [이미] 시작했고
     이것은 반절만 했을 뿐인데
     갑자기 저승사자는 오고야 말리니
     '아! 이제는 틀렸구나' 하는 생각이 들 것이다.

9   커다란 슬픔으로 얼굴은 붓고
     눈은 빨개지고, 얼굴에는 눈물이 흐르며
     친척은 절망에 잠겨 있을 때
     염라왕의 사자를 보게 될 것이다.

10   자신의 죄악을 기억하며 괴로워하고
     지옥의 고통 소리가 들리면
     두려움에 똥오줌으로 몸은 더러워지고, 혼미해질 때
     무엇을 할 수 있을까?

11 그대는 붙잡힌 물고기처럼 요동치면서
    이 생에서도 두려움으로 움츠려 사는데
    지은 죄악으로 인한 참을 수 없는
    [지옥의] 고통은 말해 무엇하겠는가?

12 뜨거운 물만 몸에 닿아도
    연약한 몸은 심하게 뜨거움을 느낀다.
    지옥에 태어나는 업을 저지르고서
    어찌 이렇게 편히 앉아 있을 수 있단 말인가?

13 노력도 안 하고 결과를 바라는 자여!
    엄살이 심한 자에게는 피해가 많은 법.
    죽음에 붙잡혀 있으면서도 신처럼 [오래 살기를 바라지만]
    아! 고통으로 부서지는구나.

14 사람이라는 배를 의지해서
    고통의 큰 강을 건너야 하리라.
    이 배는 후에 얻기 어려우니
    어리석은 이여! 시간이 있을 때 잠에 빠지지 말라!

15 기쁨의 근원인 무궁한 정법正法
    최고의 기쁨을 버리고
    고통의 원인에 현혹되어
    그대 어찌하여 야한 것을 즐기는가?

16   그러므로 게으르지 말고, 자량의 지원군으로
　　　　부지런히 자기를 다스리고
　　　　나와 남을 평등平等히 하여
　　　　나와 남을 바꾸는 [수행을] 해야 하리라.

17   "내가 어찌 감히 깨달음을 얻을 것인가?"라고 말을 하면서
　　　　나태함에 젖지 말아야 한다.
　　　　이와 같이 여래께서는
　　　　이 진실을 말씀하셨다.

18   "파리, 모기, 벌은
　　　　이처럼 벌레로 태어났지만
　　　　그들도 정진의 힘을 일으켜서
　　　　얻기 어려운 위없는 깨달음을 얻었노라. "

19   하물며 나는 사람으로 태어나서
　　　　이로움과 해로움을 구별할 수 있고
　　　　보리행菩提行을 버리지 않는다면
　　　　내 어찌 깨달음을 얻지 못하랴!

20   그러나 손과 발을 잃는 것에
　　　　내가 두려움을 느낀다면
　　　　무거운 것과 가벼운 것을 분별하지 못하는 어리석음으로
　　　　나는 두려움의 잘못을 범하는 것이다.

21 수없는 영겁의 세월 속에서
    셀 수 없이 많이 잘리고
    찔리고 태워지고 부서졌지만
    깨달음을 얻지는 못했다.

22 내가 깨달음을 성취하기 위한
    이 고통에도 정도가 있으니
    통증의 근본적인 해로움을 없애기 위해
    몸에 칼자국을 내는 고통에 비교할 수 있다.

23 모든 의사도 치료를 할 때
    불편함을 통해 병을 고친다.
    그러므로 많은 고통을 없애기 위해서
    조그만 불편은 참고 견뎌야 한다.

24 일반적인 치료와 같이
    최고의 의사[부처]는 [그렇게] 하지 않으시고
    아주 부드러운 작법作法으로
    중병을 수없이 치료하신다.

25 이끄시는 분[부처]께서는
    우선 푸성귀 같은 것으로 베풀도록 하셨다.
    이에 차츰차츰 익숙해지면
    나중에는 자신의 살점까지 베풀라고 말씀하셨다.

26 어느 때고 자신의 몸이 '푸성귀 같음'을 아는
    마음의 지혜가 성숙해지면
    그때 살점을 주는 것에
    무슨 어려움이 있을 것인가!

27 죄악을 멀리하면 고통이 없고
    [마음이] 지혜로워지면 슬픔도 없다.
    전도된 견해와 죄악으로
    마음과 몸은 해를 입고 있다.

28 복덕으로 몸은 안락하고
    지혜로 마음이 행복하면
    다른 이를 위해 윤회계에 머문다 해도
    자비심을 갖춘 이에게 어찌 슬픔이 있겠는가!

29 이렇게 보리심의 힘에 의해
    예전의 악업은 사라지고
    바다와 같은 복덕은 쌓이고
    성문聲聞보다 더 빼어날 수 있다고 말한다.

30 그러므로 모든 피로와 귀찮음을 모두 없애는
    보리심의 말을 타고
    기쁨에서 기쁨으로 나아가는 이 마음을 아는데
    누가 나태에 빠져들겠는가?

31   중생의 이익을 성취하기 위한 세력은
      열망, 자신감, 기쁨, 버림을 가지고 있다.
      열망은 고통의 두려움을 부숴 버리고
      그것의 이익을 명상하는 데서 증장된다.

32   이와 같이 반대되는 것을 버려서
      열망, 자신감, 기쁨, 버림 등을
      부지런히 방향을 바꾸는 힘으로
      정진을 늘려 가는 데 노력해야 한다.

33   나와 남을 위해서 한량없는 허물을
      내가 없애려 하니
      이 허물 하나하나까지도
      영겁의 바다가 다할 때까지 [노력해야 한다.]

34   이 허물을 없애기 위함이라 하면서
      내 안의 한 부분도 보지 않고
      무한한 고통의 보금자리에 안주하고 있으니
      나는 어찌 심장이 터지지 않겠는가?

35   나와 남의 공덕은
      내가 많이 쌓아야 한다.
      이에 공덕 하나하나에도
      영겁의 바다로서 익혀 나가야 한다.

36 나의 공덕 어느 한 부분에도
습관이 생기지 않았으니
우연히 얻은 이 생을
내가 헛되이 보내는 것은 놀라운 일이다.

37 나는 부처님께 공양을 올리지 않았고
큰 향응饗應의 기쁨을 드리지 않았으며
가르침을 행동으로 실천하지 않았고
가난한 사람의 바람을 충족시켜 주지도 못했다.

38 두려워하는 이에게 무외시無畏施를 베풀지 않았고
불쌍한 이에게 즐거움을 주지 못했다면
내가 어머니를 괴롭히고, 고통을 주기 위해
모태에 들어갔단 말인가?

39 나는 이 생과 지난 생에서도
법의 열망을 멀리하여
이와 같은 가난 속에 묻혀 있다.
[이것을 안다면] 누가 법에 대한 열망을 버릴 것인가?

40 선을 향한 것에서 모든 뿌리는
신념信念이라고 부처님께서 말씀하셨다.
이것의 근본은 항상
이숙과異熟果 를 닦음이다.

41   고통과 정신적인 불행과
      여러 가지의 두려움과
      바라는 것이 뜻대로 되지 않는 것 등은
      악업을 지은 데서 오는 것이다.

42   마음에 착한 생각을 지음으로
      어디를 가든
      이곳저곳의 이 복덕과
      과보의 공덕은 실제 보답으로 돌아온다.

43   그러나 악행을 저지른 사람이 행복을 원할지라도
      어디를 가든
      이곳저곳의 이 죄악의 과보는
      고통의 무기로 완전히 무너진다.

44   [선행의 과보로] 넓고 크고 향기롭고 시원한 연꽃의 태胎에 머물고
      위엄은 부처님의 감미로운 말씀을 먹고 자란다.
      원만한 형상은 부처님의 빛으로 연꽃이 열리며 태어나네.
      부처님 앞에 여래의 보살[상속자]로 선업을 지으며 사는 것이다.

---

*이숙과異熟果는 선과 악의 업인業因에 의해서 이것과 성질이 다른 무기無記의 결과를 생기게 하는 것
 이다. 예) 고는 악업으로부터 나온다.

45 [악행의 과보로] 저승사자가 껍질을 남김없이 벗겨서 아주 처참해지고
  아주 뜨거운 불에 녹은 타오르는 구리 쇳물을 몸에 붓고
  타오르는 칼과 창으로 찌르고, 살은 백 갈래로 찢어지고
  뜨겁게 달궈진 철판 위로 떨어지는 많은 악업에 시달린다.

46 그러므로 선을 열망하고
  헌신으로 수행하며
  『금강당경金剛幢經』예식의 수습修習으로
  자신감을 수행하여야 한다.

47 먼저 해야 할 일을 고찰하고 나서
  하든지 하지 말든지 해야 한다.
  [만일 할 수 없다면] 하지 않는 것이 최선이며
  일단 시작했으면 포기하지 말아야 한다.

48 [하던 일을 중단하면] 다음 생에도 습관이 되고
  악과 고통은 증가된다.
  다른 [생의 업이] 과果가 될 때에도
  약해지고 또한 성취도 할 수 없다.

49 행위, 번뇌, 능력의
  세 가지를 자신감으로 삼는다.
  '나 홀로 해내겠다'는 것
  이것이 행위에 대한 자신감 그 자체이다.

50 이 세상 사람들은 번뇌에 지배되어 힘이 없다.
    자기 일을 성취하지도 못한다.
    또 사람들은 나처럼 [남을 위해 선행을 할] 힘이 없다.
    그러므로 나는 [그들을 위하여] 이 모든 것을 하리라.

51 다른 사람들이 하찮은 일을 하고 있는데도
    나는 그냥 지내고 있다.
    아만我慢으로도 할 수 없다면
    자만을 없애는 것이 최상의 것이 되리라.

52 까마귀도 죽은 뱀을 만나면
    자신이 금시조金翅鳥인 양 행동한다.
    만일 나 자신이 약해지면
    조그만 허물에도 스스로 해를 입는다.

53 의기소침하여 노력을 포기한 사람이
    어려운 상황에서 어찌 해탈을 이루랴.
    자신감을 [갖고] 노력을 하면
    [죄악으로 장애가] 클지라도 [자신감을] 이기지 못한다.

54 그러므로 마음을 굳건히 하여
    모든 범계犯戒를 없애야 한다.
    만일 내가 범계에 지면
    삼계三界를 정복하려는 것은 웃음거리가 될 것이다.

55　나는 모든 것을 이겨야 한다.
　　어떤 것도 나를 정복하지 못하리라.
　　나는 사자 왕의 아들로서
　　여기에 자신 있게 머물러야 한다.

56　모든 유정은 아만으로 망한다.
　　번뇌는 자신감을 지닌 것이 아니다.
　　자신감에 찬 사람은 적의 손아귀에 들어가지 않고
　　그들은 자만의 적을 지배한다.

57　번뇌의 아만으로 가득 차서 아만 때문에 악취로 이끌리면
　　사람의 축제[몸 받음]를 없애며
　　남의 밥을 얻어먹는 하인이 되고 바보, 추한 꼴, 겁쟁이가 되어
　　누구에게나 멸시 받는 사람이 된다.

58　자만으로 가득 찬 고행자 역시
　　아만을 가진 자에 포함된다.
　　이보다 더 비참한 것이 있다면
　　무엇인지 말해 보아라.

59　아만에 찬 적敵을 정복하기 위하여 자신감을 가진 이는
　　자신감에 찬 사람이며, 승리의 영웅 그 자체이다.
　　아만이라는 적이 확산되는 것을 분명히 [차단해서] 소멸하여
　　중생이 원하는 대로 승리자[부처님]의 과를 원만히 이룬다.

60   번뇌의 무리 중심에 머물지라도
      나는 천 가지의 방법으로 그들을 이겨 내리라.
      마치 여우에 둘러싸인 사자와 같이
      번뇌의 무리에게 영향을 받지 않으리라.

61   큰 고통의 상황 속에서도
      사람들은 눈을 보호하듯이
      그러한 힘든 상황이 벌어진다 해도
      번뇌의 힘에 지배되지 않으리라.

62   나는 불에 태워져 죽어도 좋고
      머리가 부서져도 좋다.
      '모든 형상을 가진 번뇌'라는 적에게
      머리를 숙이지 않으리라.

63   이와 같이 모든 상황에서
      이치에 맞는 일 외에 다른 일은 하지 않으리라.
      놀이에서 '기쁨'이라는 결과를 원하듯이
      이들[보살]은 어떤 일을 하든지
      [남을 위한] 그 일에 애착하여
      하는 일에 만족하지 않고 기쁨으로 계속한다.

64   행복을 위해 일을 하지만
      행복하게 될지 안 될지는 확실하지 않다.
      [그러나 보살이 하는] 모든 일은 행복으로 이어지기에
      그 일을 하지 않으면 어떻게 행복이 생기겠는가?

65   날카로운 칼날에 묻은 꿀을 탐하는 것과 같이
      [윤회 세계에서는] 욕망을 만족시킬 수 있는 것이 없다.
      수행하여 얻은 과果는 적정일진대
      편안함의 복덕에 어찌 만족하겠는가?

66   그러므로 일을 완전히 마치기 위해
      한낮의 더위에 시달리던 코끼리가
      물을 보면 못 속으로 뛰어들듯이
      [보살의] 그 일에 거듭 들어가리라.

67   기력이 다했거나
      다음에 계속하기 위해서는 쉬어야 한다.
      잘 마무리되었을 때는
      다음을 기약하면서 [마친 것을] 버려야 한다.

68   오래된 전사戰士인 적과
      전쟁터에서 칼끝을 마주친 것처럼
      번뇌의 칼끝을 피해 나가며
      번뇌의 적을 쳐부수고 잡아매리라.

69 싸우는 도중에 칼을 떨어뜨리면
두려움에 즉시 칼을 집어 들듯이
이와 같이 억념憶念의 무기를 잃어버리면
지옥의 두려움을 기억하며 빨리 챙겨야 한다.

70 피의 순환에 의해
독은 몸 전체로 퍼진다.
이처럼 [번뇌가] 기회를 잡기만 하면
죄악은 온 마음에 퍼지게 된다.

71 겨자기름이 가득 찬 항아리를 옮기는 사람이
칼을 든 병사가 앞에 서 있으면서
'흘리면 죽일 것'이라는 협박에 두려워하듯
수행자는 이와 같이 집중하여 수행해야 한다.

72 그러므로 뱀이 무릎에 기어오르면
재빨리 일어나는 것처럼
졸음과 게으름이 오면
빨리 이것들을 물리쳐야 한다.

73 허물을 범할 때마다
자신을 비판해야 한다.
'나는 후에 무슨 일이 있더라도 이것을 하지 않겠다'고
말을 하고 나서 오랫동안 생각해야 한다.

74　'그와 같은 모든 상황에서
　　억념憶念을 익히리라'고 말하며
　　이런 인因으로 [선지식을] 만나는 등
　　올바른 일을 이행하여야 한다.

75　어떤 일을 하기 전에 일찍부터
　　모든 것에 힘을 갖추고
　　그에 따라 신중하게 가르침을 기억해서
　　나는 기쁨과 함께하리라.

76　이와 같이 바람에 오고 감에
　　솜털도 이끌려 다닌다.
　　나도 이처럼 기쁨에 이끌려서
　　그와 같이 모든 것을 성취하리라!

제8장

선정품
禪定品

1   이와 같이 정진을 일깨워서
     마음은 삼매에 안주安住해야 한다.
     마음이 산란한 사람은
     번뇌의 송곳니 사이에 머무는 자者이다.

2   몸과 마음을 고요히 하면
     어떤 산란도 일어나지 않는다.
     그러므로 세속을 포기하고
     망상을 완전히 버리리라.

3   탐욕과 재욕 등의 애착으로
     세속의 삶을 버리지 못한다.
     그러나 이 모든 것을 완전히 포기하는 것은
     지자智者와 같이 행동하는 길이다.

4   완벽한 지止(Śamatha)를 갖춘 관觀(Vipaśyanā)으로
     번뇌가 완전히 끊어짐을 알고서
     먼저 지止를 찾고
     그것 역시 세속에 집착이 없어야 실제의 기쁨으로 성취한다.

5   존재하는 것은 무상한 것
     누가 이 무상에 그렇게 애착을 하는가?
     그런 이는 수천 번의 삶 속에서도
     순간의 행복조차 보지 못한다.

6 그러니 마음이 행복할 수 없고
   또한 안정을 얻을 수 없다.
   설사 행복을 맛보았다 해도 만족하지 못한다.
   예전처럼 애착으로 괴로워한다.

7 유정에 애착하므로
   바른 진리는 완전히 가려져 버린다.
   염리심厭離心도 잊어버리고
   마침내 슬픔으로 고통을 딩한다.

8 이에 오직 이런 생각으로
   이 생을 의미 없이 보내고
   무상한 친구나 친척들 때문에
   영원불멸의 정법까지도 부숴 버린다.

9 어리석은 이와 인연因緣을 같이하면
   반드시 악취에 떨어진다.
   인연이 다른데도 이끌려 다닌다면
   어리석은 이와 함께하는 것이 무슨 이익이 있겠는가?

10 순간에 친구가 되고
   잠깐 사이에 원수가 된다.
   즐거운 곳에서조차 화는 일어나니
   세속의 사람을 만족스럽게 하는 것은 어렵다.

11   [어리석은 이는] 이로운 말을 하면 화를 내고
      나까지도 선행에서 멀어지게 한다.
      그들의 말을 듣지 않으면 화를 내니
      마침내 악취에 떨어진다.

12   높은 이에게는 질투를 하고, 동등한 이와는 겨룬다.
      아랫사람에게는 자만하고 칭찬을 받으면 거만해진다.
      듣기 싫은 말을 하면 화를 낸다.
      이렇게 어리석은 이에게 언제 이익이 올 것인가?

13   어리석은 이와 함께하면
      자기를 칭찬하고 남을 욕한다.
      세속을 즐기는 재미있는 이야기 등
      선善이 아닌 것들만 분명히 생긴다.

14   이런 식으로 내가 남과 관계를 맺으면
      둘 다 망한다.
      그들은 나에게 도움을 주지 않고
      나 또한 그들에게 도움이 되지 않는다.

15   어리석은 이와는 멀리 떨어져야 한다.
      만나면 즐거워하고 좋아하되
      너무 가까이 지내지 말고
      적당히 지내야 한다.

16 벌이 꽃에서 꿀을 모으듯이
법에 도움이 되는 것만 받아들여
[선연 없는] 모든 이를 만난 적이 없었던 것처럼
무심하게 지내야 한다.

17 '나는 존경[을 받고] 재물이 많아
많은 사람이 나를 좋아한다'는
이런 식의 자만으로 가득 차 있다면
죽은 뒤에 두려움이 생길 것이다.

18 그러므로 여러 가지 어리석은 마음은
무엇이나 탐해
이것저것에 얽히게 되고 [서원은] 비게 되고
고통 그 자체가 되어 일어난다.

19 그래서 지자智者는 집착하지 않으니
집착에서 두려움이 생기기 때문이다.
이런 것은 자성自性이 사라지게 하리니
확실히 이해해야 한다.

20 많은 재산을 모았고
이름도 나고 명예도 얻었지만
쌓아온 어떤 재산과 명성도
어디로 갔는지 알 수 없게 되리라.

21   누가 나를 업신여긴다면
      칭찬 받음에 좋아할 게 뭐 있겠는가?
      누가 나를 칭찬한다면
      업신여김에 무슨 불만이 있겠는가?

22   유정의 여러 가지 바람(願)이
      부처님도 다 기쁘게 할 수 없다면
      나처럼 나쁜 사람에게 말할 필요가 있겠는가?
      그러므로 세속사의 생각을 포기하리라.

23   [사람들은] 유정에게 재산이 없으면 비난하고
      재산이 많으면 나쁜 말을 한다.
      자성自性이 함께하기 어려운 그들에게
      어떻게 기쁨을 일깨울 수 있을까?

24   왜냐하면 어리석은 이는
      자신에게 이익이 없으면 기뻐하지 않기에
      어떤 어리석은 이와도 친구가 되지 말라고
      여러 여래께서 말씀하셨다.

25   숲속에 사는 짐승과 새와 나무는
      듣기 싫은 말을 하지 않는다.
      친구가 되면 즐거움만 있는
      내가 언제나 그들과 함께 머물 수 있을까?

26 바위굴이나 텅 빈 절간에서
    또 나무 밑에서 머물며
    결코 지난날을 뒤돌아보는 일 없이
    언제나 집착 없이 머물 수 있을까?

27 주인 없는 대지와
    자연스레 열린 공간에서
    자유를 즐기며 애착을 떠나
    언제나 나는 [그런 곳에] 머물 수 있을까?

28 발우鉢盂 한 개, 주워 모은 물건 몇 가지
    누구도 원치 않을 해진 옷을 걸치고
    이 몸 가리려 하지 않으며
    두려움 없이 머무는 그런 날이 언제나 올 것인가?

29 송장터*에 들어가
    그들의 해골과 나의 몸은
    모두 썩어 없어질, 아무것도 아님을
    언제나 알아차릴 수 있을까?

* 과거 인도에서는 화장을 할 수 없었던 천민들은 시체를 일정한 장소에 버렸다.

30 나의 몸, 이 몸뚱이가 [썩으면]
    어떤 냄새도 마다하지 않는 여우도
    이 몸뚱이에 가까이 오지 않는
    그런 일이 일어나게 될 것이다.

31 이 몸은 하나로 만들어졌건만
    함께 생긴 이 살과 뼈가 무너져
    뿔뿔이 흩어지고 마는데
    친구나 다른 이를 말해 무엇하겠는가?

32 태어날 때 혼자 태어나고
    죽을 때 또한 혼자 죽는다.
    고통의 몫을 남이 가져갈 수 없다면
    걸림돌이 되는 친구는 무슨 도움이 될까?

33 길을 가는 나그네가
    머물러 쉴 곳을 찾듯이
    윤회 세계의 길을 가는 나그네도
    태어날 곳을 항상 찾는다.

34 세상 사람들이 슬퍼하는 가운데
    네 사람이
    이 몸을 떠메고 가는 송장이 되기 전에
    숲속으로 가리라.

35 친구나 원수도 없어지고
    이 몸뚱이 오직 하나 적정처寂靜處에 머무니
    이미 죽은 사람으로 여기기에
    죽어도 슬퍼할 자 없네.

36 주변의 누구도
    슬픔과 해로움을 끼치지 않기에
    여기서는 부처님을 생각하고, 수행하는 것을
    누구도 방해하지 않을 것이다.

37 그러므로 아주 환하고 즐거운 숲속에서
    어려움은 작아 행복하고
    모든 번뇌를 가라앉히며
    나는 홀로 머물리라.

38 다른 생각은 모두 버리고
    나는 오직 한마음으로
    마음을 고요히 가라앉히고
    조복하고자 노력하리라.

39 이 세상과 저 세상에서
    애욕은 큰 해악을 일으키고
    이 세상에서는 죽이고 포박하며 자른다.
    저 세상에서는 지옥 등을 이룬다.

40   지난날 하인과 하녀에게
      무엇인가를 위해서 많이도 요구했다.
      죄악과 악명도
      어떤 목적을 위해서라면 개의치 않고
      내가 무서운 짓도 저질렀다.

41   모든 재산을 탕진하면서
      누구든지 다 껴안아 보는
      최고의 즐거움인 이것은

42   뼈 그 자체일 뿐 다른 것은 아니다.
      자유와 내가 없는데
      커다란 애욕에 온전히 집착하여
      어찌하여 고통을 넘어서서 가지 않는가?

43   처음 노력하여 그것을 들어 올렸고
      이끌렸지만 부끄러워 고개를 숙였다.
      예전에는 보든 안 보든 간에
      얼굴은 천으로 가려져 있었다.

44   그대의 마음을 어지럽혔던 그 얼굴이
      지금 눈앞에 그대로 드러나 있다.
      독수리가 환히 드러낸 것을 보고서
      지금은 어째서 도망치려 하는가?

45   누군가 눈길을 주며 쳐다볼 때
      그녀를 완전히 보호했다.
      지금 독수리가 그녀를 먹으려 하는데
      인색한 그대여! 어찌하여 보호하지 않는가?

46   이 고깃덩어리를 보고
      독수리와 다른 것들이 먹으려 한다.
      그들의 먹잇감에 꽃다발과
      선난향栴檀香을 상식으로 올렸넌가?

47   움직이지도 않는 해골을 보고
      그대는 두려워한다.
      몇 가지 의식으로 움직이는 시체에
      그대는 어찌 두려워하지 않는가?

48   무엇으로 가려져 있을 때는 이에 애착을 했는데
      그것이 벗겨져 있을 때는 어찌 애착하지 않는가?
      이를 원하지 않는다면
      어찌 가려져 있던 것에는 포옹을 했던가?

49   '음식'이라는 하나의 근원에서
      대변과 소변, 침은 생겨난다.
      그런데 대변과 소변은 싫어하고
      그대, 어찌 [여인의] 침은 좋아하는가?

50 솜의 감촉이 부드러운
    베개는 좋아하지 않고
    '더러운 냄새를 풍기지 않는다' 하면서
    그대 애욕자여! 깨끗하지 않은 것에 미혹되는가?

51 애욕에 물든 몽매한 자여!
    솜의 촉감이 부드럽긴 하지만
    함께 잘 수가 없기에
    솜에게 화를 내고 있구나!

52 만일 깨끗하지 않은 것에 애착이 없다면
    뼈와 힘줄로 묶어서 결합한 바구니에
    살의 흙을 바른 것인데
    그대는 어찌 다른 이를 무릎에 놓고 포옹하는가?

53 그대는 불결한 것이 많은 이것을
    항상 사용하고 있으며
    또 다른 더러운 포대包袋 자락을
    더러운 애욕으로 탐하고 있다.

54 나는 '이 살이 좋아' 하면서
    접촉해 보고 싶어한다.
    의식이 없는 자연 상태의 살은
    그대여, 왜 탐하지 않는가?

55 탐하고 있는 마음은 무엇인지?
그것은 볼 수도 만질 수도 없는 것이다.
그들의 힘은 의식이 없는데
쓸데없이 포옹하면 무슨 소용이 있겠는가?

56 다른 사람의 몸이 불결한 성질임을
그대가 모르는 것이 크게 이상할 것이 없다.
그러나 자신의 몸이 불결한 것임을
모른다는 것은 참으로 놀라운 일이다!

57 구름이 벗어진 날
햇빛으로 예쁘게 갓 피어난 청순한 연꽃은 버려두고
불결한 것을 탐한 마음으로
어찌 더러운 바구니를 좋아하는가?

58 똥오줌으로 더럽혀진 진흙을
만약 만지기 싫어한다면
더러운 오물이 나오는 몸뚱어리에는
그대, 어찌 닿기를 애착하는가?

59 만일 그대가 불결한 것에 애착이 없다면
불결한 밭(母胎)에서 생겼고
[모태] 안에서 불결의 종자로 생겨난 다른 이를
어찌 무릎에 놓고 포옹을 하는가?

60 　불결한 장소에서 생긴
　　　작고 더러운 구더기를 그대는 좋아하지 않는다.
　　　많은 더러움의 성품인 몸은
　　　불결하게 태어났음에도 탐하고 있다!

61 　그대 자신의 불결함을
　　　혐오하지 않을뿐더러
　　　더러운 가죽 포대의 불결함에 탐착하여
　　　다른 가죽 포대마저 원하고 있다!

62 　장뇌樟腦 등의 매력 있는 것과
　　　지어 놓은 밥과 야채라도
　　　입으로 뱉은 것은
　　　땅을 더럽힌다.

63 　만일 이렇게 더러운 것이
　　　눈앞에 실재해도 의심이 난다면
　　　송장터에 버려진 시체에서
　　　다른 사람의 더러움을 또한 보게나.

64 　누구의 몸이든 가죽을 벗겨 내면
　　　큰 두려움이 생길 것이다.
　　　알면서도 이 몸에
　　　어찌 다시 즐거움을 일으키는가?

65 몸에 바른 향도
전단향 그 자체이지 다른 것은 아니다.
향이 아닌 다른 것에
그대가 애착하는 것은 무슨 까닭인가?

66 만일 본래의 역한 냄새로 [인해]
이를 탐착하지 않으면 얼마나 좋은가!
부질없음을 갈망하는 사람들!
이 몸에 향수를 비르는 건 무슨 끼닭인기?

67 더군다나 이 전단의 감미로운 향기는
몸에서 어떻게 생긴 것일까?
향 그 자체가 아닌 다른 것에
그대, 애착하는 것은 무슨 까닭인가?

68 이 몸은 긴 머리와 손톱
누런 이빨과 함께
불결한 냄새가 밴 그것 자체일진대
알몸이 두려움 그 자체라면

69 자신을 해롭게 하는 칼처럼
이를 왜 애써 가꾸고 있는가?
자신의 헛된 노력에 미쳐서
이 세상을 어지럽히고 있다.

70   송장터의 해골만 보고도
염리심厭離心이 일어난다면
움직이는 해골로 가득 찬
마을의 송장터는 [왜] 좋아하는가?

71   이처럼 깨끗하지 않은 그것은
돈을 주지 않고서는 얻을 수 없다
이를 얻으려고 지치고
지옥 등의 재앙을 받는다.

72   어린아이는 재산을 늘릴 수 없으며
젊어서는 재산이 없으니 어찌 행복하겠는가?
재산을 가졌을 때는 이미 인생의 끝에 있으니
늙어서 욕망이 무슨 소용이 있는가?

73   천한 욕망으로 어떤 사람은
하루 종일 일에 지치고
집에 돌아오면 지친 몸은
시체처럼 잠에 빠진다.

74   어떤 사람에게는 여행을 떠나야 하는 번뇌와
집을 떠나 먼 길을 가야 하는 고통이 있다.
처자식을 만나고 싶어하지만
일 년이 지나도 한 번도 보지 못한다.

75   이익을 얻고자 하는 어리석음에
      무언가를 위해 [자기 자신까지도] 팔지만
      그것도 얻지 못하고
      쓸데없이 타인 업業의 바람에 휘둘려 세월만 보낸다.

76   어떤 이는 자신의 몸까지 팔아
      자유를 구속당하며 남에게 고용된다.
      [그의] 아기를 가진 부인은
      외로운 곳 나무 밑에서 아기를 분만한다.

77   욕망에 속은 바보들은
      살기 위해서 '돈을 벌겠다'며
      생명을 잃을까 두려워하면서도 전쟁터에 나가고
      이익을 위해 노예도 된다.

78   어떤 욕심 많은 사람은 신체까지도 끊고
      어떤 이는 말뚝에 박히고
      또 어떤 이는 창에 찔리고
      또 어떤 이는 불에 태워지는 일도 생긴다.

79   [재산을] 모으고 지키지만 결국에는 없어지는 고통으로
      항상 재물이란 무한한 재앙임을 알아야 한다.
      재물을 탐하는 어리석은 사람에게
      윤회의 고통에서 벗어날 기회는 없다.

80   욕망을 추구하는 사람들의
      허물은 크고 이득은 적다.
      수레를 끄는 짐승들이
      다만 몇 입(口)의 풀을 먹는 것과 같다.

81   짐승도 얻기에 그리 어렵지 않은
      조그만 이득을 얻기 위하여
      얻기 어려운 원만한 가만假滿의 이 몸을
      [전생] 업력의 고통으로 부숴 버린다.

82   욕망은 결국은 무너지고 만다.
      [이에 집착하여] 지옥 등에 떨어진다.
      중대한 일이 아닌 것을 위하여
      끊임없이 피곤한 조그만 어떤 어려움.

83   그의 백만 분의 일의
      어려움으로 부처를 이룬다면
      욕망을 가진 이가 보살행자보다
      고통은 크지만 깨달음은 없다.

84   지옥 등의 고통을 생각해 보면
      욕망이 원인이라 [결과는]
      무기, 독, 불, 낭떠러지
      그리고 적과도 비교가 안 된다.

85 이와 같이 욕망에 염리심을 일으켜
    고요한 곳을 좋아하고
    다툼과 번뇌가 없는
    평화로운 숲속에서 지내며

86 전단향의 향기가 스민 달빛 아래 시원함을 즐기며
    넓고 평평한 돌집에서 기쁨을 누리리라.
    고요한 숲속에서 산들바람은 불어오니
    이웃의 이익을 생각하며 이리저리 거닐며

87 빈집이나 나무 밑이나 바위굴
    자신이 원하는 곳이면 어디에서나 머물며
    [가진 것을] 지니고, 지키는 고통에서 벗어났기에
    홀로 걱정 없이 한가로이 머물리라.

88 자유로이 행동하며 집착은 없고
    누구와도 얽힘이 없이 만족하며
    안락을 누리는 모든 것은
    제석천帝釋天조차도 얻기 어렵다.

89 이와 같은 여러 방법으로
    고요한 곳의 공덕을 생각하여
    망상을 완전히 내려놓고
    보리심菩提心을 수습修習해야 한다.

90　나와 남이 같음을
먼저 애써 수습修習해야 한다.
행복을 원하고 고통을 바라지 않는 것은 똑같기 때문에
모든 중생을 나와 같이 보호해야 한다.

91　[몸에] 손발 등 여러 부분이 있지만
온전히 보호해야 할 하나의 몸인 것처럼
세상의 고락 안에 다른 중생이 있지만
모두가 나와 같이 행복을 원하는 것은 똑같다.

92　설사 내가 겪는 고통이
타인의 몸을 괴롭히지는 않는다 해도
나의 모든 고통은
'나'에 대한 집착 때문이며, 참을 수가 없으리라.

93　이와 같이 타인의 고통이
나에게 오지 않는다 해도
[그렇게] 나의 모든 고통은
나에 대한 집착이기에 참을 수가 없으리라.

94　나는 남의 고통을 없애야 한다.
고통이기 때문에 나의 고苦와 같다.
나는 남에게 도움을 주어야 한다.
중생이기 때문에 나의 몸과 같다.

95   항상 나와 남, 둘 다
　　　행복을 원하는 것은 똑같으니
　　　'나'와 [타인에] 무슨 차이가 있는가?
　　　어째서 나 혼자만의 행복을 위해 노력하는가?

96   항상 나와 남, 둘 다
　　　고통을 원하지 않는 것은 똑같으니
　　　'나'와 [타인에] 무슨 차이가 있는가?
　　　어째서 남은 제쳐 두고 '나'만 지키려 하는가?

97   만일 한 중생이 고통스러워하는데도
　　　나에게 해를 끼치지 않기에 [그를] 보살피지 않는다면
　　　미래에 내가 받을 고통도 또한
　　　[지금 나를] 괴롭히지 않을 것인데 어찌 이를 지키려 하는가?

98   [이 생의] 내가 '다음 생의 고통을 겪을 것이다'라고 생각하는
　　　망상은 전도된 견해이다.
　　　이와 같이 죽은 것도 다른 것이고
　　　태어나는 것 또한 다른 것이다.

99   어떠한 고苦라도
　　　그 '고'는 자신이 막아야 한다.
　　　발의 고통은 손의 고통이 아닌데
　　　어찌 발의 고통을 손이 막아야 하는가?

100 '비록 분별이 없는 것이지만
이것은 아집에서 생기는 것이다'라고 말할 수도 있다.
그러나 자타에게 불합리한 그 어떤 것이라면
모든 힘을 다하여 배제해야 한다.

101 상속相續과 집합체集合體는
염주나 군대처럼 [실체가 없이] 허망한 것이다.
이처럼 고苦는 실체가 없다.
그러면 누가 이것을 지배하는가?

102 일체의 고苦는 상속자가 없고
모두 [너와 나의 고통이란] 차별이 없는 것이다.
그러나 '고'이기 때문에 없애야 하는 것이라면
여기서 분명하게 무엇을 해야 하겠는가?

103 '왜 모든 고苦는 없애야만 하는가'
이것은 논쟁의 여지가 없다.
내가 고통에서 벗어나는 것은
모든 중생이 고통에서 벗어나게 하는 것이다.
[반대로] 모든 중생의 고통은
내가 고통을 당하는 것과 같은 것이다.

104 '자비에 고_苦가 많이 따른다면
어떻게 애써 자비심을 일으키겠는가?'라고 말할 수도 있다.
[그러나] 중생의 고통을 생각해 보면
어떻게 자비의 고_苦가 더 많다고 말할 수 있겠는가?

105 만일 한 가지의 고_苦로
많은 고_苦를 없앨 수 있다면
사랑스러운 이 고통이
나와 남에게 생기도록 해야 한다.

106 그래서 선화월善花月보살은
임금의 형벌을 알면서도
자신의 고_苦를 없애지 않고
많은 사람의 고_苦를 없애려고 했다.

107 이와 같이 상속相續을 관觀함에 익숙해지면
타인의 고_苦를 없애는 것을 좋아하므로
연꽃 호수에 백조가 내려앉듯이
무간지옥까지도 들어가게 된다.

108 중생이 해탈하면
무한한 기쁨의 바다와 같이
그 자체로 최고가 아니겠는가?
[나 혼자만의] 해탈을 원해 무엇을 하겠는가?

109 　그러나 남을 위해 일을 한다 할지라도
　　교만에 빠지거나 자신을 놀라운 존재로 생각하지 말아야 한다.
　　오직 남을 위하는 기쁨 하나로
　　이숙과異熟果를 바라지 말아야 한다.

110 　그러므로 불쾌한 조그만 일에도
　　자신을 보호하는 것과 똑같이
　　남을 보호하는 마음과 자비의 마음을
　　[함께] 행하여야 한다.

111 　[항상 함께 하는] 습관으로
　　다른 이의 정혈精血의 방울(滴)에
　　실체는 없지만
　　'나'라고 의식하고 있다.

112 　그런데 다른 사람의 몸은
　　어찌하여 '나'라고 보지 않는가?
　　나의 몸을 타인으로 놓고
　　보는 것은 어렵지 않다.

113 　나 자신에게는 흠이 있고
　　타인은 바다와 같은 공덕이 있음을 알았으니
　　아집을 완전히 버리고
　　타인을 받아들이는 수습修習을 해야 한다.

114 손, 발 등을
몸의 한 부분으로 인정하듯이
이와 같이 몸을 가진 것들을
어찌하여 중생의 한 부분으로 인정하지 않는가?

115 무아無我의 이 몸에 익숙해져
'나의 것(我所)'이라는 마음이 생기듯이
이처럼 다른 중생에게도 익숙해진다면
'나의 것(我所)'이라는 마음이 왜 생기지 않겠는가?

116 이와 같이 남의 이익을 위해 행한다면
놀라움도 교만도 생기지 않는다.
나 자신을 먹이는 것으로도
보답을 바라지 않는다.

117 그러므로 불쾌한 조그만 일이라도
자신을 보호하는 것과 똑같이
타인에게도 자비심과 돌보는 마음으로
행하도록 수습修習해야 한다.

118 그러기에 구원자 관세음보살은
대자비심으로 중생의 윤회에서 생기는
두려움을 없애기 위해
당신의 이름에도 가피를 내렸다.

119   어려움 앞에서 돌아서지 말아야 한다.
이와 같이 익숙해진 힘에 의해
처음에는 타인의 이름만 들어도 두려웠지만
[나중에는] 그가 없으면 즐거움도 없어진다.

120   누군가 나와 남을
속히 제도하기를 원한다면
'나와 남을 바꾸기'를 행하는
거룩한 비밀을 수행해야 한다.

121   내 몸에 집착을 하기 때문에
조그만 무서움에도 두려움을 일으킨다.
두려움의 [근원인] 이 몸에
[지혜로운] 누가 원수를 [대하듯] 화를 내지 않겠는가?

122   이 몸의 굶주림, 목마름, 병 등을
치료하는 의식을 하기 위해
새, 물고기, 짐승 등을 죽이려고
길에서 기다린다.

123   누군가는 이익과 명예를 얻기 위해
부모를 죽이며
삼보의 재물도 훔치는데
이는 무간지옥의 불에 타게 될 것이다.

124 어떤 현자가 이 몸에 애착하고
     보호하며, 공양을 올릴 것인가?
     이 몸을 누가 원수처럼 보지 않고
     욕하지 않겠는가?

125 '만일 내가 이것을 주고 나면 어떻게 살지?' 하는
     자신의 이익만을 생각하는 것은 아귀의 태도이며
     '만일 내가 이것을 사용해 버리면 남에게 무엇을 주지?' 하는
     남의 이익을 생각하는 것은 천신의 법이다.

126 자신을 위해 남을 해치면
     지옥 등의 고통을 받을 것이며
     남을 위해 자기를 해치면
     모든 원만성취를 얻으리라.

127 자신을 남보다 위에 놓으려는 사람은
     악취와 추하고 어리석은 자로 태어나며
     이 높은 자리를 남에게 권하는 사람은
     선취와 고귀한 존경을 얻은 자로 태어난다.

128 자신을 위해 남을 부리면
     하인 등 [비천한 사람이] 되며
     남을 위해 나를 부리면
     군주君主 등의 [지위를] 누리게 된다.

129 　세상의 모든 행복은 어디에서 오는가.
　　　그 모든 것은 남을 위하는 데서 온다.
　　　세상의 모든 불행은 어디에서 오는가.
　　　그 모든 것은 자신을 위하는 데서 온다.

130 　많이 말을 할 필요가 있는가?
　　　어리석은 이는 자신을 위해서 일하고
　　　부처는 남을 위해 일한다.
　　　이 둘의 차이를 보라!

131 　자기의 안락을 남의 고苦와
　　　완전히 바꾸지 않는다면
　　　부처를 이룰 수 없고
　　　윤회 세계에서도 안락은 없다.

132 　저 세상은 차치하고라도
　　　하인은 일을 하지 않고
　　　주인은 품삯을 주지 않으면
　　　금생의 일도 성취할 수 없다.

133 　보이고[금생] 보이지 않는[내생] 안락을 얻는 방편
　　　[나와 남을 바꾸는 것을 포기함으로써] 완전한 행복을 버리게 되며
　　　타인에게 고통을 주는 인因으로써
　　　[행복의 방편에] 미혹하여 무서운 고통을 받게 된다.

134 이 세상의 모든 손해와
두려움과 고통이
모두 다 아집我執에서 온다면
이 큰 귀신은 나에게 무슨 소용이 있는가?

135 나를 완전히 버리지 않고서는
고통을 버릴 수 없다.
그것은 불을 버리지 않으면
화상을 면할 수 없는 것과 같다.

136 그러므로 나의 고통을 내려놓고
남의 고통을 가시게 하기 위해
나를 남에게 주고
남을 나로 받아들이리라.

137 '나는 타인의 힘 아래 있다'라고
그대 마음이여, 분명히 알아야만 한다.
모든 중생을 위한 것 외에는
이제 그대여, 다른 것은 생각하지 말라!

138 다른 이의 소유물인 눈 등을
자신의 이익을 위해 쓰는 것은 옳지 못하다.
본래 뜻하는 바와 [달리] 눈 등을
왜곡하여 사용하는 것은 합당하지 않다.

139 그러므로 유정은 나의 중심이 되어야 한다.
　　　나의 몸에 보이는 무엇이나
　　　내 몸과 또 내 몸을 떼어서라도
　　　이웃을 위해서 유익하게 사용해야 한다.

140 '낮은 이'를 '나'라고 생각하고
　　　나를 타인으로 생각해야 한다.
　　　이런 식의 분별이 없는 마음으로
　　　시기, 경쟁, 자만에 대하여 수습修習해야 한다.

141 그는 존경받고 나는 그렇지 못하다.
　　　그처럼 나는 재산도 없다.
　　　그는 칭찬받고 나는 경멸당한다.
　　　그는 행복하고 나는 고생한다.

142 나는 일이 많고
　　　그는 편히 쉬고 있다.
　　　그는 세상에 이름이 크게 났고
　　　나는 미천하며 덕도 없다.

143 공덕이 없는데 어찌할까!
　　　나는 모든 공덕을 갖춘 자[가 되리라.]
　　　어떤 것에 비해 그가 열등하기도 하고
　　　[반면] 어떤 것에 비해 내가 뛰어나기도 하다.

144 계율이나 견해의 쇠퇴함은
나의 힘에 의한 것이 아니고 번뇌의 힘 때문이다.
어떻게 해서든지 치료를 해야 하고
치료를 하기 위해서라면 당연히 [고통을] 참고 받겠다.

145 그러나 그들은 나를 보살피지 않았다.
어째서 나를 업신여기는가?
나에게 그들의 공덕이
무슨 소용이 있는가?

146 악취[삼악도]라는 맹수의 입가에 있는데도
중생에게 자비심을 가지지 않고
더구나 자기의 덕을 교만하게 여겨
심지어 현자와 경쟁하려 하는구나!

147 [타인이] 나와 평등함을 보고
나 자신의 우월함을 드러내기 위해
나의 재산과 명예를
싸워서라도 성취하려고 한다!

148 어떤 것에서든 나의 공덕은
세상 어느 곳에나 다 드러내려 하고
다른 누가 공덕을 가지고 있다 하면
누구도 듣지 못하게 하려 한다.

149 나의 허물은 감추고
나는 공양을 받는데 그에게는 없으며
나는 지금 많은 재산을 얻었고
또 나는 존경을 받는데 그에게는 없다.

150 그가 옳지 않은 짓을 하면
나는 오랫동안 즐기며 보고 있을 것이다.
모든 중생이 비웃고
서로 심하게 욕할 것이다.

151 번뇌에 찌든 이 사람이
나와 함께 경쟁을 하려 한다고 들었다.
학식, 지혜, 형상, 종성種姓, 재물로
어떻게 [그가 나와] 동등할 수 있는가?

152 이와 같이 모든 이에게 나의 공덕이
널리 알려진 것을 들으면서
솜털이 솟을 정도로 기뻐하며
행복을 온전히 누린다.

153 설사 그에게 재산이 있다 해도
만일 [그가] 나의 일을 한다면
그에게 생활에 필요한 것 정도만 주고
나의 힘으로 나머지를 빼앗아 오겠다.

151   그의 행복을 기울게 하고
　　　　나는 항상 [그에게] 해를 가할 것이다.
　　　　그는 수백 번을
　　　　윤회 속에서 나에게 해를 끼쳤다.

155   그대 마음이여! 그대의 이익만 탐했기 때문에
　　　　셀 수 없는 세월이 흘러갔구나!
　　　　[그리고] 그처럼 큰 고생을 했지만
　　　　그대는 오직 고통만 얻었구나!

156   이처럼 나는 분명히 남의 이익을 위하여
　　　　나 자신을 완전히 바칠 것이다.
　　　　부처님의 말씀은 속임이 없으니
　　　　미래에 이 공덕을 보게 될 것이다.

157   만일 그대가 과거에
　　　　이런 이타행을 해 왔더라면
　　　　부처의 원만한 안락은 아니더라도
　　　　지금 이와 같은 상태가 되지는 않았을 것이다.

158   그러므로 이와 같이
　　　　다른 사람의 정혈 방울도
　　　　그대가 '나'라고 여기는 것처럼
　　　　타인에게도 그렇게 익숙하도록 해야 한다.

159   남을 위한 강한 의지를 가지고
      내 몸에 어떤 것이라도 있다면
      그것을 가져다
      그대는 남을 위하여 쓰도록 해야 한다.

160   '나는 행복하고 남은 불행하며
      나는 높지만 남은 낮으며
      나는 도움을 받고 남은 돕지 않는다'고 한다면
      왜 자신에게는 질투를 하지 않는가?

161   나는 자신의 [이기적인] 행복으로부터 떨어져야 한다.
      남의 고통도 내가 받아야 한다.
      '항상 내가 왜 이것을 하고 있지?' [반복하여] 살펴보면
      나의 잘못을 알아차리게 될 것이다.

162   비록 다른 사람이 허물을 저질렀어도
      자신의 허물로 받아들여야 한다.
      내가 작은 허물을 범했다면
      많은 사람 앞에서 밝혀야 한다.

163   타인의 명성은 크게 칭찬하고
      나의 명성은 드러내지 않아야 한다.
      나는 비천한 종처럼 처신하며
      모든 이를 위하여 쓰이도록 해야 한다.

164　이[내]는 허물이 있는 자성으로 생각하며
　　일시적으로 공덕이 좀 있을지라도 칭찬하지 말아야 한다.
　　이[내]가 가진 어떤 공덕이든
　　몇 사람이라도 알지 못하게 하여야 한다.

165　요약하면 자신을 위하여
　　그대가 남에게 해를 끼친 모든 것
　　그 해악은 유정을 위하여
　　자신에게 떨어지도록 해야 한다.

166　이것[아집을 무서워하는 마음]이
　　거만하게 군림하지 않도록 하고
　　새아씨의 거동같이 수줍어하며
　　두려워하고, 자제할 줄 알도록 해야 한다.

167　이런[남을 위한 생각] 식으로 존재하며 머물러야 한다!
　　그와 같이 그대는 행동하지 마라.
　　이와 같이 이것[이타행]에 [억념과 정지로] 힘을 쓰며
　　거기서 [실수로] 넘치면 [해독제로] 당장 대처해야 한다.

168　그러나 이렇게 충고를 할지라도
　　마음 그대가 그렇게 하지 않는다면
　　너에게 모든 벌을 주어
　　그대 자신을 끊어 버리게 하겠다.

169   어디서나 그대가 나를 이겼던
       그 옛날과는 다르다.
       지금 나는 너를 보고 있는데 어디로 도망치려 하는가?
       그대의 아만을 모두 쳐부수리라.

170   지금도 나를 위하여 일할 수 있다는
       그 생각을 버려라.
       나는 이미 너를 다른 사람에게 팔아넘겼다.
       슬프게 생각하지 말고 헌신하라!

171   만일 [내가] 방일해
       그대를 중생에게 주지 않는다면
       그대는 나를 지옥의 옥졸에게
       분명히 건네주리라.

172   이와 같이 그대가 나를 옥졸에게 건네주어
       오랫동안 고생했다.
       그래서 지금 그 원한을 생각하며
       [나는] 그대의 이기적인 생각을 부숴 버릴 것이다.

173   만일 내가 만족하기를 원한다면
       결코 나 자신을 즐겁게 하지는 않으리라.
       [이와 같이] 내가 보호받기를 원한다면
       나는 항상 타인을 보호하리라.

174 이 몸은
사랑하면 사랑할수록
잘 보호하면 보호할수록
더더욱 엄살꾸러기가 된다.

175 그렇게까지 타락하여도
이 욕망은 이 모든 세상을
채울 수 없으니
그의 욕망을 누가 채워 주리오!

176 불가능한 일을 원하기에
번뇌가 늘어나며 생각은 기울고
누군가 재물에 관심을 두지 않는다면
그의 풍족함은 끝이 없다.

177 그러므로 신체의 욕망을
채울 기회를 주지 말아야 한다.
마음을 앗아가는 어떤 것에도 집착하지 않는 것
이것이 최고의 소유물이 된다.

178 마지막에는 한 줌의 재로 끝날 이 몸
[그 자체로는] 움직일 수 없는 것인데도 다른 힘으로 움직인다.
참을 수 없을 정도로 불결한 형상에
어찌 이렇게 집착하는가?

179   이것이 살아 있건 죽었건 간에
　　　나에게 이 기계가 무슨 소용이 있는가?
　　　이 흙덩어리에 무슨 차이가 있는가?
　　　아! 어째서 [나는 아직도] 이 아만을 없애지 못할까?

180   이 몸을 애지중지하며
　　　쓸데없이 고통만 쌓아 왔네.
　　　애착과 분노는
　　　나무토막 같은 이 몸뚱어리에 무슨 소용이 있는가?

181   내가 이렇게 보호해도
　　　[이 몸이] 독수리 등의 먹이가 되고 마는 것을
　　　애착하거나 분노가 없다면
　　　어찌 이에 집착하는가?

182   누가 멸시하면 화를 내고
　　　누가 칭찬하면 기뻐한다.
　　　만일 [이 두 가지] 그 자체를 알지 못한다면
　　　나는 이 고생을 무엇 때문에 해야 하나?

183   어떤 이가 이 몸을 사랑하니
　　　그가 나의 벗이라고 말한다면
　　　모든 사람이 자신의 몸을 사랑하니
　　　그들을 내가 어찌 좋아하지 않겠는가?

184 그렇기 때문에 나는 애착 없이
　　　중생을 위하여 몸을 버렸다.
　　　비록 내가 흠이 많을지라도
　　　살아 있는 동안은 이 몸을 [도구로써] 지켜야 한다.

185 그러므로 어리석은 행동을 하지만
　　　나는 현자의 뒤를 따르며
　　　불방일不放逸의 말씀을 기억하면서
　　　수면과 혼침昏沈에서 벗어나리라.

186 큰 자비를 갖춘 보살처럼
　　　짊어져야 할 짐이라면 인내하여 받아들이리라.
　　　밤낮으로 끊임없이 노력하지 않는다면
　　　나의 불행은 언제나 끝이 나겠는가!

187 그러므로 장애를 없애기 위해
　　　그릇된 길에서 마음을 되잡아
　　　항상 바르고 완벽한 목표에 [이르도록]
　　　나는 선정禪定을 지어 가리라!

제9장

지혜품

智慧品

이 장에서는 절대진리인 공성空性의 입장에서 세상의 속성에 머무는 인식 수준인 실유론實有論의 견해를 논파함으로 바른 진리의 입장을 세우고 있다. 실제 당시의 다양한 불교와 비불교 학파들의 견해가 본문에 질의와 반박 형식으로 녹아 있으나, 본문의 게송만으로는 구별하기가 힘들다. 따라서 본문의 내용이 상하지 않는 범위 내에서 간단하게 반박과 응답을 구분하는 표시를 주었다. 예를 들어 […⋯]는 대부분 실유론자의 반박이나 질문이며, [만일]과 [?]는 실유론자와 공성의 견해가 혼용되어 있으므로 문맥에 따라 잘 이해해야 할 것이다.

1   이[전에 설한] 모든 [가르침의] 가지들은
     부처님께서 지혜를 위해 설하신 것이다.
     그러므로 고를 제멸하고자 하는 이들은
     [반드시 반야의] 지혜를 개발해야 한다.

2   상대적 속제와 궁극적 진제
     이 [둘]을 이제로서 인정한다.
     진제는 마음의 영역이 아니며
     마음은 속제에 속한다 설하셨다.

3   여기에 세간의 두 유형을 보면
     요가행자와 세속 사람이 있는데,
     그중에 일반 세속인의 차원은
     요가행자의 차원에서 논파된다.

4   요가행자들도 근기들의 차이로 인해
     보다 높은 이가 낮은 이를 논파한다.
     둘 다가 인정하는 예시를 놓고 보면
     결과만으론 분석이 안 되기 때문이다.

5   세간 사람들은 사물을 볼 때
     정상적인 것으로만 분별하고
     환인 양 여기지 않으니
     이에 요가행자와 세인이 논쟁한다.

6　　色 등이 직접 지각되는 것이라고 해도
　　　모두에게 통하는 인식 방법은 아니다.
　　　그것은 청정하지 않은 성품들 중에서
　　　청정 등을 보편이라 여기는 오류이다.

7　　세간에 머무는 세속의 사람들을 위해
　　　보호불께서 사물을 설했을 뿐 실제로
　　　그것들은 찰나적인 것(無常)이 아니다.
　　　하지만 '세속에서도 모순'이라 한다면,

8　　요가행자는 세속에 대한 착오가 없어
　　　세간이 의지하는 바의 본모습을 본다.
　　　그처럼 여인의 청정하지 않은 이면을
　　　밝히면 세간 사람이 이를 반박하리라.

9　　환과 같은 승리불로부터 생긴 공덕이
　　　어떻게 실재하는 것처럼 되는 것인가.
　　　만약 유정중생이 환과 같은 것이라면
　　　어떻게 죽고도 다시 태어나는 것인가.

10　 조건들이 모임을 이루는 한은
　　　환도 역시 생겨나는 것이므로
　　　긴 세월 동안 형성된 것이라면
　　　유정들도 진실인 양 존재한다.

11   환영의 사람을 죽이는 것 등에는
      마음이 없기에 죄도 없을 것이다.
      하지만 환과 같은 마음이 있다면
      복업과 죄업 등도 생기는 것이다.

12   진언 등에는 그럴 힘이 없기 때문에
      환과 같은 마음도 생겨날 수가 없다.
      갖가지의 조건에서 생겨난 것이라면
      환도 갖가지의 유형이 될 수가 있다.

13   단일 조건으로 전부가 가능한 건
      어디에도 존재하지 않는다.
      만약 궁극적 진제는 열반이고
      윤회는 상대적 속제라 한다면,

14   부처도 윤회하게 된다는 것인데
      보리행은 무엇 때문에 하겠는가.
      조건들의 흐름을 끊지 못한다면
      환이라도 사라지지 않을 것이며,

15   조건들의 흐름을 끊어 낼 수만 있다면
      세속의 현상도 생겨나지 않을 것이다.
      만일 '허위로'라도 존재하지 않는다면
      환은 무엇을 통해 볼 수 있는 것인가.

16 만일 그대 앞에 환 자체가 존재하지 않는다면
    그러면 그때는 무엇을 [어떻게] 본다는 것인가.
    마음 그 자체와 다른 모습으로 존재한다 해도
    그와 같이 나타나는 모습도 마음 그 자체이다.

17 만일 마음 그 자체가 환과 같다면
    그 경우 무엇이 무엇을 보는 건가.
    세간의 보호자 부처님께서도 역시
    마음은 마음을 볼 수 없다 하셨다.

18 칼날이 스스로 자신을 벨 수 없는 것과 같이
    그렇게 벨 수 없는 것이 [마음]이라고 하셨다.
    그렇지만 등불 스스로가 자기 자신을 실제로
    그처럼 빛나게 할 수 있는 것과 같다 한다면,

19 등불이 스스로 빛나는 것이 아니라
    어둠이 덮이지 않아서 그런 것이다.
    한데 청금석의 파란색 같은 파랑은
    다른 것들에 의존하는 것이 아니다.

20 따라서 무언가는 다른 것들에 의존하기도 하지만
    의존하지 않는 경우도 볼 수 있다.
    파랑의 성품이 없는데도 파란색이 되거나
    스스로 자기 특성으로 생겨나는 것은 없다.

21   등불이 [스스로 자체를] 빛나게 한다는 것이
[자기 자체를] 인식하여 안다는 말과 같다면,
의식이 [스스로] 빛나는 것이라고 하는 것은
무엇으로 인식하여 그[와 같이] 말하는 건가.

22   만일 어떤 것으로도 볼 수가 없다면
빛을 내거나 빛을 내지 못하는 것은
석녀 딸의 미모를 논하는 것과 같아
그것은 말할 가치도 없는 것이 된다.

23   만약 자체 인식이 존재하지 않는다고 하면
의식이 기억을 가지는 것은 어찌된 일인가.
이전에 다른 데서 경험한 것들과 관련하여
그로부터 쥐들의 독을 기억하는 것과 같다.

24   특정한 조건으로 다른 이들의 마음을
보기에 그 자체도 볼 수 있다고 한다면,
성취의 안약을 눈에 바르면 비밀의 보병이
보인다고 하지만 안약 자체는 볼 수가 없다.

25   그와 같이 보고 듣고 아는 것을
여기서 부정하려는 것은 아니다.
그 부정은 고의 원인이 된 것을
진실로 여기는 전도된 생각이다.

26 마음과 환은 서로 다른 것이 아니며
   다르지 않아 분별할 수 없다고 하면,
   실재한다면 어떻게 다르지 않겠는가.
   다르지 않은 것이면 실재할 수 없다.

27 마찬가지로 환이 진실이 아니라고 해도,
   볼 수 있는 것처럼 보는 것이 의식이다.
   윤회는 실제의 의지처가 있어야 하는데
   그렇지기 않다면 허공과 같다는 것이다.

28 실재하지 않는 것이 실재하는 것에 의존하여
   작용한다면 그것은 어떻게 해서 가능한 것인가.
   그대가 말하는 마음은 함께하는 조력자가 없으며
   홀로 고정된 채 그 자체로 고립돼 있는데도 말이다.

29 만일 마음이 걸림 없이 자유롭다면
   그러면 모두가 여래와 같아야 한다.
   그렇다면 오직 마음뿐(唯識)이라고
   분별한 것에는 어떤 의미가 있는가.

30 환과 같다는 것을 알고 있다고 해도
   남은 그 번뇌는 어찌 제거해야 하나.
   마술로 만들어 낸 환영의 여인이라고 해도
   애착은 일어날 수 있는 것이다.

31   그것을 만든 자가 인식대상에 대한
      번뇌 습기를 제거하지 못한 것이다.
      그처럼 대상을 애착으로 보게 되면
      공성 습기는 약해지게 되는 것이다.

32   공성의 습기를 익숙하게 함으로써
      사물들에 대한 집착을 버려야 하며,
      실제적인 것은 아무것도 없다는 것에
      익숙해지고 나면 그 자체도 버려야 한다.

33   만약에 '아무것도 없다'고 하게 된다면
      분석대상인 사물은 볼 수 없을 것이다.
      실체가 없다는 건 의지처가 없는 건데
      마음 앞에 어떻게 머무를 수 있겠는가.

34   실재(有)와 그 이면의 비실재(無)가
      의식 앞에 더는 머무르지 않을 때,
      그때는 다른 모습들도 사라지므로
      대상이 사라진 절대적멸에 이른다.

35   소원 성취의 여의주나 여의수가
      일체의 모든 소원을 충족시키듯,
      그처럼 제자가 염원하는 기도의 힘으로
      승리불의 몸을 나투신다.

36   예를 들면 [베다의 성직자인 산꾸는] 가루다의
      [헌공 제단에] 보호기둥을 완성한 후 죽었는데,
      그가 죽고 시간이 지나도 [여전히 기도염력이]
      [그 기둥에 남아] 독 등을 치료하는 것과 같다.

37   보리도의 수행을 통해 결국 그와 같은
      승리불의 보호의 기둥이 완성되었지만
      보살은 그와 같이 열반에 들고 나서도
      목직을 이루기 위해 수행을 계속한다.

38   마음이 없는 부처님께 공양을 올린다고
      '어떤 과보를 받을 수 있느냐'고 한다면,
      왜냐하면 유여열반이나 무여열반에서도
      똑같이 그런 것이라고 설했기 때문이다.

39   세속과 진여 둘 모두에 성립한다는 것과
      그에 대한 과보는 경전에 근거한 것이다.
      예를 들면 진실한 부처님께 공양 올려서
      과보를 받는 것과 똑같이 그러한 것이다.

40   사성제만 보고도 해탈을 이루기 충분한데
      공성은 보아서 무엇을 하느냐고 묻는다면,
      왜냐하면 경전에서 이 보리도가 아니라면
      구경의 깨달음도 없다고 설했기 때문이다.

41 대승 경전이 성립되지 않는다고 한다면,
그대의 경전은 어떻게 성립되는 것인가.
둘 다에게 성립되기 때문이라고 한다면,
먼저 그대에게 성립되지 않았던 것이다.

42 무슨 근거로 자기 전통만 믿는 것인가.
그것은 대승에게도 마찬가지인 것이다.
다른 둘 다가 인정하는 것이 진리라면
베다 등도 역시 진리가 된다는 것이다.

43 '대승은 논쟁의 여지가 있기 때문'이라면,
경전의 논쟁에 대해서는 비불교도는 물론
소의경전이 다른 경우에도 자타가 서로를
논박하기 때문에 그것은 파기되어야 한다.

44 교법의 근간이 되는 건 진실한 비구인데,
진실한 비구가 되는 것도 어려운 일이다.
마음이 대상을 향한 생각에 매여 있다면,
열반을 이루는 일도 쉽지가 않은 것이다.

45 번뇌를 끊어서 자유롭게 된다면,
그 순간 그렇게 돼야 할 것이다.
번뇌가 없어졌다 해도 그들에게
남은 업력은 여전히 볼 수 있다.

46   잠시 근취近取의 원인인 애착이
      사라진 것은 분명하다고 한다면,
      애착으로 인한 번뇌는 아니라도
      미몽의 무지마저 없다 하겠는가.

47   감각을 조건으로 애착이 생기는데
      감각은 그 아라한에게도 존재한다.
      대상과 결합하여 개념화된 마음이
      얼마간 거기에 남아 있기 때문이다.

48   공성의 깨달음이 없는 마음은
      억눌러도 다시 일어나게 된다.
      마치 무념무상의 삼매와 같다.
      따라서 공성을 수행해야 한다.

49   경전에 들어 있는 말씀은 무엇이든지
      모두 부처님의 교설임을 인정한다면,
      대승경도 대부분이 그대들의 경전과
      같다는 것을 왜 인정치 않는 것인가.

50   만약 이해하지 못하는 하나로 인해
      모든 것이 잘못된 것이라고 한다면,
      일치하는 단 하나의 경전으로 모두 다
      승리불의 교설이 왜 아니겠는가.

51   어떤 말씀은 대 아라한 가섭 등도
       깊이를 헤아리지 못했다고 하는데,
       그대가 그것을 이해하지 못한다고
       인정하지 않는다면 누가 하겠는가.

52   미몽으로 고통받는 이들을 위해
       애착과 공포에서 벗어나게 하고
       윤회에 머무는 이들을 제도하는
       이것이 공성을 깨달은 결과라네.

53   그러므로 공성을 향한
       비판은 합당치 않으니,
       따라서 의심을 버리고
       공성을 수행해야 하네.

54   번뇌장과 소지장의 두 어둠을
       치료하는 법이 바로 공성인데,
       속히 일체의 종지를 얻으려면
       어찌 이것을 수행하지 않는가.

55   일체의 사물이 고통을 일으킴에
       그에 따라 두려움이 생겨난다면,
       공성은 고통을 제멸하는 법인데
       이에 어찌 두려움이 생기겠는가.

56 　만약 자아라는 것이 존재하기에
　　어떤 것을 대하든 두려워진다면,
　　자성은 어디도 존재하지 않는데
　　두려워서 겁먹은 이는 누구인가.

57 　치아와 두발과 손발톱은 '나'가 아니다.
　　'나(我)'는 골격骨骼이나 혈액도 아니다.
　　눈물 콧물도 아니고 가래 담도 아니며
　　염증의 황수黃水나 농즙膿汁도 아니다.

58 　'나'는 지방이나 땀도 아니다.
　　심폐나 간담도 '나'가 아니며
　　다른 내장들도 '나'가 아니다.
　　'나'는 대변과 소변도 아니다.

59 　살덩이나 피부도 '나'가 아니고
　　온열이나 호흡도 '나'가 아니다.
　　구멍들도 '나'가 아니고 수시로
　　아는 육식六識도 '나'는 아니다.

60 　만약 소리에 대한 인식이 영원하다면
　　언제 어디서든 소리는 파악될 것이다.
　　인식의 대상 없다면 무엇을 파악하고
　　무엇에 의해 '인식된다'고 말하겠는가.

61   만약 인식이 없는 인식이 있다 하면,
      나무도 인식할 수 있게 되는 것이다.
      이에 인식 대상이 그 근처에 없다면,
      '인식 자체도 없다'는 것은 분명하다.

62   의식 자체가 색을 인식한다고 한다면,
      그러면 듣는 의식은 아무것도 아닌가.
      소리가 근처에 없어서 그런 것이라면,
      그렇다면 소리의 인식도 없는 것이다.

63   소리를 파악하는 본성을 가진 무언가가
      어찌 색을 파악하는 것이 될 수 있는가.
      한 사람에 부자父子 성품이 공존한다면,
      그렇더라도 본성이 그러한 것은 아니다.

64   마찬가지로 사뜨바(純性)와 라자스(動性),
      따마스(暗性)는 아버지도 아들도 아니다.
      그것은 소리를 파악하던 자성을 통해서
      알고 볼 수 있는 것이 아니기 때문이다.

65   배우들과 같이 다양한 역할을 하기 때문이라고 한다면,
      본래의 성품을 들여다보면 그것은 영원한 것이 아니다.
      만약 역할이 다르더라도 그 본성은 동일하다고 한다면,
      그러한 동일성은 이전의 그대 논리에 없던 동일성이다.

66 만일 역할이 다른 것은 [현상일 뿐] 진실이 아니라면,
    그것들에서 [어떠한 성품이] 자신의 본성인지 말하라.
    '[단순히 대상을 인식하여] 아는 것'이라고 말한다면,
    결국은 [인식하는] 모든 것이 하나가 돼야 할 것이다.

67 마음이 있는 것이나 마음이 없는 것이나 결국은 모두
    하나가 될 수 있다는 것이니 존재성이 같아지게 된다.
    만일 구체적으로 구별되는 그것들이 착각한 것이라면,
    그때 동일한 공통 기반이 되는 건 무엇이라는 것인가.

68 마음이 없는 것 또한 자아가 아니다.
    마음 없는 성품이라 항아리 등과 같다.
    하지만 마음의 결합 때문에 의식이 있다면,
    의식이 없다는 것은 결국 파기되는 것이다.

69 만약 자아가 변하지 않는 것이라고 한다면,
    그런 경우 마음은 어떻게 작용하는 것인가.
    그런 경우라면 의식이 없이 분리되어 있는
    허공 또한 자아가 될 수 있게 되는 것이다.

70 만약 [영원불변의] 자아가 존재하지 않는다면
    행위가 결과를 맺는다는 것도 합당치 않으며,
    업을 지은 이후에 당사자가 없어지게 된다면
    그것은 '누구의 업이 되는 것이냐'고 한다면,

71   이미 행한 업과 그 결과의 기반이 다르고
      거기에 '자아'라고 하는 것이 없다고 해도,
      우리 둘 다에게 그 업보가 성립되는 이상
      이같이 논쟁하는 건 무의미한 일 아닌가.

72   '원인을 내포하고 있는 결과가 있다'고 해도
      그 원인을 보는 것은 가능하지 않은 일이다.
      단일한 자의식의 흐름(自相續)에 의지하기에
      행위자가 경험자가 된다고 조심히 설하셨다.

73   과거의 [마음도] 미래의 마음도 '자아'는 아니다.
      그것이 [현재 상태로는] 존재하지 않기 때문이다.
      그런데도 현재 생겨난 마음을 자아라고 한다면,
      그것이 소멸되고 나면 자아도 사라지는 것이다.

74   예를 들어 파초의 몸통 부분을 베면
      속이 비어 아무것도 존재하지 않는다.
      그와 같이 통찰하여 [현상의 실체들을]
      찾아보면 자아도 실재하는 것은 아니다.

75   만약에 유정들이 실제로 존재하지 않는다면
      누구에게 자비를 베푼다는 것이냐고 한다면,
      결국은 [중생 제도라는] 목적에서 행한 것을
      무지로 인해 잘못 알고 곡해한 것일 뿐이다.

76   중생이 존재하지 않는데 결과는 누가 받느냐고 하면,
사실이기는 하지만 무지로 그와 같이 말하는 것이다.
[자비심이란] 고통을 완전히 소멸하기 위한 것이므로
목적을 잊고서 무지 몽매하게 왜곡하진 말아야 한다.

77   고통과 수고의 원인이 되는 아만은
자아에 대한 무지로 늘어날 것이다.
'그래도 바꾸기가 힘들다'고 한다면,
무아의 수행이 가장 수승한 길이다.

78   몸은 다리나 종아리가 아니다.
허벅지나 허리도 몸이 아니다.
복부나 등허리도 몸이 아니며
가슴이나 양팔도 몸이 아니다.

79   늑골과 양손도 몸이 아니며,
겨드랑이 어깨도 몸 아니며,
내장들도 역시 몸이 아니며,
머리와 목도 몸이 아니라면,
이들 중에 몸이란 무엇인가.

80   만약 이 몸이 그 모든 것들 중에
어느 한 부분에 머무는 것이라면,
부분은 부분에 머물 수가 없는데
그 자체는 어디에 머무는 것인가.

81 만약 전체의 자기 몸이
    손 등에 머무는 것이면,
    손 등의 수가 얼마이건
    그만큼의 몸이 되리라.

82 내부나 외부 경계에도 몸이 없다면
    어찌 손 같은 곳에 몸이 존재하리오.
    양손 이외에 다른 곳에도 없다면
    그건 어떤 식으로 존재하는 것인가.

83 그러므로 몸이 존재하지 않는 손 등에 대한
    미몽으로 각각을 몸이라고 인식하는 것이다.
    형태의 배열을 구체화하여 [차곡히 쌓아 둔]
    돌무더기를 사람이라고 착각하는 것과 같다.

84 조건들이 모여서 결합되는 한,
    몸은 사람처럼 나타날 것이다.
    그와 같이 손 등이 [결합되에]
    존재하는 한은 몸도 나타난다.

85 그와 같이 손가락들의 집합이기 때문에
    손도 역시 무언가가 될 수 있는 것이다.
    손은 또 손마디들의 집합이기 때문이며,
    마디 역시 자체를 분할하면 나누어진다.

86   그 부분들도 역시 입자로 나누어지고
      그 입자들도 또한 방면으로 나눠지며
      나눠진 방면도 다시 분할되어 마침내
      허공과 같아 입자도 존재하지 않는다.

87   그와 같이 허공에 투사된 꿈과 같은
      형색을 분석하면 누군들 집착하리오.
      이에 그 몸이 실체가 없는 것이라면
      남자는 무엇이고 여자는 무엇이던가.

88   만약 고통 자체가 실제로 존재하는 것이라면
      어떻게 그것은 안락을 방해하지 않는 것인가.
      안락이 존재한다면 슬픔과 고통 등의 경험에
      재미 등은 어찌하여 즐거움을 주지 못하는가.

89   더 강한 힘(愛)에 압도되어 있기 때문에
      그것이 경험되지 않는 것이라고 한다면,
      그렇다면 경험 자체가 안 된다는 것인데,
      그때 감각은 어떤 방식으로 존재하는가.

90   고통의 감각이 미세한 상태로 남아 있게 된다면
      그에 대한 거친 감각(痛感)은 제거된 것 아닌가.
      그것은 오히려 다른 형태의 기쁨이라고 한다면,
      하지만 미세한 상태는 여전히 그대로 남아 있다.

91   만약 그와 상반되는 조건이 생겨난다면
      고통은 생겨나지 않을 것이라고 한다면,
      그것은 감각을 실재하는 것처럼 분별한
      것이므로 성립이 될 수 없는 것 아닌가.

92   그렇기 때문에 그것의 대치법인
      분석의 지혜를 수행해야만 한다.
      철저히 분석한 연후에 들어가는 선정은
      요가 행자들의 양식이다.

93   만일 감각의 대상들에 틈(間)이 있다면
      그들은 어디에서 만날 수 있는 것인가.
      틈이 없다면 [결국은] 하나라는 것인데
      무엇이 무엇을 만날 수 있다는 것인가.

94   극미는 극미에 들어갈 수가 없다.
      그것은 틈이 없이 똑같은 것이다.
      들어가지 못해 섞일 수도 없으며
      섞이지 못하므로 만날 수도 없다.

95   부분이 없는데도 만날 수 있다고 한다면
      어떻게 논리적으로 합당하다고 하겠는가.
      부분 없이 만난 경우나 부분이 없는 것을
      만약에 본 적이 있다면 보여 주기 바란다.

96   의식은 몸이 없는 것인데도,
        접촉한다면 합당하지가 않다.
        결합 또한 실재할 수 없음은
        앞서 이미 분석한 바와 같다.

97   이와 같이 접촉이 존재하지 않는다면
        감각은 또 어디에서 생겨나는 것인가.
        무엇 때문에 이렇게 고생하는 것이며,
        무엇이 무엇을 해롭게 한다는 것인가.

98   아무런 감각의 주체가 없다면
        감각도 역시 존재하지 않는다.
        지금 이 순간 이것을 보면서도
        왜 애착을 버리지 않는 것인가.

99   마찬가지로 시각과 촉각도 역시
        환몽과 같은 자기본성을 지닌다.
        마음은 동시에 발생하기 때문에
        그 감각은 볼 수가 없는 것이다.

100   이전에 생겼고 이후에 생길 것이라도
        기억되는 경험은 현재의 것이 아니다.
        자체적으로도 경험될 수 없는 것이며
        다른 것으로도 경험되지 않는 것이다.

101   어떠한 감각 주체도 존재하지 않으며
따라서 감각 자체도 존재하지 않는다.
그런데도 자아가 부재한 이 집합체에
감각이 어떻게 해롭게 한다는 것인가.

102   의식은 감각기관에 존재하는 것도 아니고
색 등에도 아니고 그 중간에도 있지 않다.
내부에도 심의식은 없고 외부에도 없으며
다른 것에서도 찾을 수 있는 것이 아니다.

103   그것은 몸에도 없고 다른 곳에도 없으며
섞이지도 않고 분리가 되는 것도 아니다.
그것은 어디에도 존재하지 않는다. 고로,
유정 중생은 본래의 자성이 곧 열반이다.

104   인식대상 이전에 의식이 생겨났다면
그 의식은 무엇을 보고 생긴 것인가.
의식과 인식대상이 동시에 생겼다면
그 의식은 무엇을 보고 생긴 것인가.

105   반대로 인식대상 이후에 의식이 생긴다고 하면
그때의 의식은 대상도 없이 무엇에서 생기는가.
그러므로 생주이멸生住異滅하는 일체의 현상은
그 발생의 근원을 이해할 수 있는 것이 아니다.

106 만약 그와 같이 [생멸하는] 속제가 존재하지 않으면
그런 경우 두 가지 진리(二諦)는 어떻게 존재하는가.
또한 세속의 진리가 [열반의 진리와] 다른 것이라면
유정들은 [윤회고의] 수고愁苦를 어떻게 넘어서는가.

107 이것은 [이제의] 본뜻과는 다르게 분석한 것이며
그것은 [이제] 본래 [의미에 맞는] 속제가 아니다.
[열반] 이후에 그것이 확실하면 그것은 실재하며
아니라면 속제는 진실로 존재할 수 없는 것이다.

108 분석하는 자와 분석이 되는 대상은
둘 모두가 서로에게 의지하고 있다.
그와 같이 보편적인 것에 의지하여
모든 것들을 분석하여 말한 것이다.

109 만약 분별하여 분석한 것을
또 통찰하여 분석하게 되면,
그것은 통찰한 것을 또다시
통찰한 것이기에 끝이 없다.

110 통찰을 마친 대상은 분석하려고 해도
통찰을 위한 기반이 존재하지 않는다.
기반이 없기 때문에 생겨나지 않으며
그것을 곧 열반이라고 말하는 것이다.

111 [의식과 그 대상] 둘 다 진실이라고 말하는 이들이
그 [입장]을 [계속] 유지하기는 지극히 힘든 일이다.
만약 의식의 힘을 통해 사물의 진실이 성립된다면,
의식이 존재성에 의존하는 것은 어떻게 된 일인가.

112 그러면 의식의 대상을 통해 의식이 성립된다고 하면,
의식의 대상도 존재에 의존하는 것은 어찌된 일인가.
[그럼에도] 서로의 힘에 의존하여 존재하는 것이라면,
[그렇게 되면] 둘 다 역시 존재할 수 없는 것이 된다.

113 만약 자식이 없으면 아버지도 없다고 한다면,
그러면 자식 자체는 어디에서 생기는 것인가.
자식이 없으면 아버지 역시 [있을 수] 없기에
그와 같이 그 둘 모두 실존성이 없는 것이다.

114 새싹은 씨앗에서 생겨나는 것이기에
씨앗 그 자체가 분석이 되는 것처럼,
의식의 대상에서 생겨나는 의식인데
그 존재가 왜 분석이 되지 않겠는가.

115 새싹에서 [생긴 것은] 그와 또 다른 의식인데
[그로부터] 씨앗의 존재가 분석된다고 한다면,
무엇으로 그 의식의 대상이 분석되는 것이며
의식의 존재 자체는 무엇을 통해 분석되는가.

116 　잠시 세간인은 직접지각을 통해
　　　그 모든 원인들을 볼 수가 있다.
　　　연꽃의 줄기들이 구별되는 것은
　　　원인이 구분되어 가능한 것이다.

117 　원인을 구별한 것은 무엇으로 했냐고 한다면,
　　　이전의 원인을 구별함으로써 하게 된 것이다.
　　　어떻게 원인이 결과를 만들어 내느냐고 하면,
　　　이전 원인이 가진 힘 자체에서 [생긴 것이다].

118 　자재천이 전변의 실제 원인이라고 한다면,
　　　먼저 자재천이 무엇을 의미하는지 말하라.
　　　대종원소라고 한다면 그러한 것들은 없다.
　　　그저 이름일 뿐인데도 이 무슨 고생인가.

119 　그렇다고 해도, 지대 등은 다수이고
　　　무상하며 부동하고 신성하지 않으며
　　　밟히고 오염되는 대상들이기 때문에
　　　대종원소도 자재천의 본성은 아니다.

120 　자재천은 허공도 아니고 부동성이기 때문에
　　　자아(個我)도 아니다. 앞에서 논했던 것처럼,
　　　[전지전능하고] 불가사의한 창조주라고 해도
　　　불가사의한 것을 주장한들 무엇에 쓰겠는가.

121   그가 창조한 것은 무엇이란 것인가.
        그가 자아와 지대 등을 창조했다면,
        자재천의 본성도 무상한 것 아닌가.
        의식은 인식의 대상에서 생기는 법.

122   무시이래 안락과 고통이 업에 기인하면
        자재천은 무엇을 창조한 것이란 말인가.
        원인에 그 시작점이 존재하지 않는다면
        결과에 그 시작점이 어디 존재하겠는가.

123   무엇 때문에 항상 창조하지 않는 것인가.
        그가 다른 것에 의존하는 것도 아닐진대
        그가 창조한 것도 아니고 따로도 없다면,
        그는 그 창조를 무엇에 의지하여 하는가.

124   만약 그가 의존하여 집합된 것이라면
        유일한 원인이 되는 자재천은 아니다.
        집합된다면 창조되지 않을 수가 없고
        집합되지 않는다면 창조될 수가 없다.

125   만약 자재천이 의도하지 않았던 다른 것이
        창조됐다면 결국은 다른 힘에 의한 것이다.
        의도했다면 그 의도에 의존해서 된 것이다.
        창조됐다면 그 자재천은 어디 있는 것인가.

126 극미원소가 영원한 것이라고 주장하고 있는
    이들에 대해서는 앞에서도 이미 논박하였다.
    이에 상키야학파는 쁘라끄리띠(原質)를 영원
    불멸하는 전변의 원인이라고 주장하고 있다.

127 사뜨바(純質) 라자스(動質) 따마스(暗質)라고 하는
    [세 가지] 속성들이 완전한 '평형상태'에 도달하면
    근본질료(原質)를 의미하는 '쁘라끄리띠'라고 하며,
    평형이 깨어져 전개되는 상태를 전변이라고 한다.

128 하나에 본래 성품이 세 가지가 존재한다는 주장은
    타당하지 않다. 고로 그것은 존재하지 않는 것이다.
    그와 같이, [하나에 셋인] 속성은 존재할 수 없으며,
    그렇다고 해도, 각각은 결국 세 가지이기 때문이다.

129 속성이 존재할 수 없는 것이라면, 소리 등 또한
    존재[할 수 있는 가능]성이 아주 멀어질 것이다.
    마음(識)이 깃들지 않은 의복 등과 같은 것들에
    안락함 등이 존재한다는 것은 불가능한 일이다.

130 그 사물들에 원인적 자성이 깃들어 있어 그렇다면,
    사물은 앞서 이미 분석한 [몸과 같은 것이] 아닌가.
    그대가 말한 원인은 또한 안락함 등의 성품이지만
    그로부터 담요 등의 사물이 생겨나는 것은 아니다.

131 그 반대로 담요 등에서 안락함 등이 생긴 것이라고 한다면,
그 [담요]가 존재하지 않으면 안락함 등도 존재하지 않는다.
[그 주장대로] 안락함 등이 영원히 존재하는 것이라고 해도
언제든지 목격할 수 있는 [대상으로] 존재하는 것은 아니다.

132 그 안락함 등이 확실하게 존재하는 것이라면,
그러한 경험은 어떻게 파악되지 않는 것인가.
그것이 미세한 상태가 되어 그렇다고 한다면,
어느 정도의 거칠고 미세함을 말하는 것인가.

133 거친 것을 버리고 미세하게 된 것이라면,
미세하고 거친 것들 역시 무상한 것이다.
그러므로 [원인에 상관없이] 모든 사물은
무상한 것이라는 것을 왜 인정치 않는가.

134 거친 것이 안락함과 다르지 않은 것이라면
안락이라는 그 속성은 분명 무상한 것이다.
만약 존재하지 않는 것에서는 어떠한 것도
생겨날 수 없다는 것을 인정한다고 한다면,

135 확실한 것은 없는 것(無因)에서도 생겨나는 것은
그대가 인정하지 않더라도 존재한다는 사실이다.
만약 원인 속에 결과가 이미 존재한다고 한다면,
음식물들을 먹는 것은 배설물을 먹는 것이 된다.

136 [그렇다면 목면의 무명] 옷을 살 값으로 목면의
씨앗을 사 입는 것과 같은 경우가 되는 것이다.
세간이 미몽으로 보지 못하는 것이라고 한다면,
이것은 진리를 아는 그대들이 제시한 진리이다.

137 그러한 지식은 세간에도 역시 있는 것인데
왜 [세간 사람 눈에는] 보이지 않는 것인가.
세간의 인식 방법 자체가 유효하지 않다면,
분명 보이는 것도 진실은 아니라는 것이다.

138 만약 인식 방법이 유효하지 않다면
그것으로 한 검증도 허위가 아닌가.
그러므로 [허위로 이끌어 낸] 공성을
수행하는 것은 불합리한 것 아닌가.

139 분석되는 대상을 만나지 않고서는
그것의 비실재는 파악되지 않는다.
그러므로 허위의 실재가 무엇이든
그것의 비실재는 분명히 허위이다.

140 그러므로, 꿈속의 자식이 죽었기 때문에
'그가 존재하지 않는다'고 여기는 분별은
'그가 존재한다'고 생각한 것에서 비롯된
착각에 기인하며 그 역시 허위일 뿐이다.

141 그러므로 이와 같이 깊이 분석해 보면
어떤 것도 원인 없이 존재하지 않는다.
개별적인 조건들에도 존재하지 않으며
집합적인 조건들에도 존재하지 않는다.

142 사물은 다른 것에서 오는 것도 아니고
머무는 것도 아니며 가는 것도 아니다.
미몽 때문에 진실하게 여기지만 이것이
[착각으로 나타난] 환과 무엇이 다른가.

143 이에 환술로 생겨난 것은 무엇이든
원인에서 생겨난 것은 그 무엇이든
그것이 어디에서 온 것인지 그리고
어디로 가는지 분석해야 할 것이다.

144 무엇이든 무언가가 가까이에 있기 때문에
볼 수 있지만 그것이 없다면 아닐 것이다.
허위로 [나타난 거울 속의] 영상과 똑같은
그것에 진실한 성품이 어찌 존재하겠는가.

145 사물이 이미 존재하고 있는데,
원인은 어째서 필요한 것인가.
그와 반대로 존재하지 않는데,
원인은 어째서 필요한 것인가.

146   백 천만 가지 일체의 모든 원인을 갖춰도
      사물이 존재하지 않는 것은 변할 수 없다.
      그 경우 사물은 어떻게 해서 되는 것인가.
      사물이 변한 다른 것은 또한 어떤 것인가.

147   비실재인 경우 사물로 실재하기가 불가능하다면
      사물로 실재하는 것은 언제 실재하게 되는 건가.
      만약 실재하는 사물로 나타날 수 없는 것이라면
      실재하지 않기 때문에 분리될 수도 없는 것이다.

148   실재하지 않기 때문에 분리되지 않는 것이라면
      사물은 [개체로서] 실재할 틈(時)이 없을 것이다.
      사물은 또한 실재하지 않는 것도 될 수 없는데,
      결국 자성이 둘이라는 것이 인정되기 때문이다.

149   이와 같이 소멸이 실재하지 않는다면
      사물도 역시 실재하지 않는다.
      따라서 이 모든 중생들은 [오고 감이 없으며]
      결코 생하지도 멸하지도 않는 것이다.

150   중생들은 [애초부터] 꿈과 같아서
      통찰해 보면 [텅 빈] 파초와 같아
      열반을 이루거나 혹은 못 이뤄도
      실제는 아무 차이가 없는 것이다.

151 그와 같이 공한 사물들을 두고
     얻을 것과 잃을 것은 무엇인가.
     공경을 받은 이 그는 누구이며
     멸시당한 이 그는 또 누구인가.

152 기쁨이나 고통은 어디에 있는가.
     슬픔은 무엇이고 쾌락은 무언가.
     진여를 탐구해 [바로 알게 되면],
     누가 집착하고 무엇에 하겠는가.

153 분석하면 재생하는 이 세간에
     누가 여기서 죽어 가는 것인가.
     무엇이 생겼고 무엇이 생기나.
     친척이나 친구는 또 무엇인가.

154 일체 모두가 다 허공과 같은 것임을
     나와 같은 이는 모두 알아야 하리라.
     자신만의 안락함을 추구하던 이들은
     다투거나 즐거워하던 원인들로 인해,

155 너무도 성내거나 즐거워하며
     슬퍼하거나 애쓰고 경쟁하며
     서로 베고 찌르고 상처 입혀
     죄악으로 곤궁하게 살아가네.

156 선취의 안락세계로 [오고] 또 와서
많은 안락을 누리고 또 누린 후에
끝내 죽으면 악취고惡趣苦만 남아
긴 세월 참을 수 없는 나락이리라.

157 [험난한] 생존의 수많은 낭떠러지
그곳은 진여가 아닌 그와 같다네.
그곳은 또한 서로가 모순 속에서 살지만
진여는 그와 같지 않다네.

                                            .

158 그곳은 또 비할 바 없고 참을 수 없는
고통의 바다가 끝도 없이 펼쳐지는 곳.
그곳은 그처럼 [공덕의] 힘이 미약하며
그곳은 수명도 짧고 [불안한] 곳이라네.

159 그곳은 또한 생존과 무병함을 위해
애쓰는 곳이며 배를 곯고 피곤하며
잠과 위험함에 빠짐이 그와 같아서
어리석은 이와 친함도 의미 없어라.

160 시간은 의미 없이 너무나 빨리 지나가네.
분석의 지혜는 참으로 얻기가 어려워라.
그곳은 또한 동요動搖가 익숙한 곳이니
이것을 되돌이킬 방법은 어디에 있는가.

161 그곳은 또 악취惡趣의 [업이] 만연하여
     타락하게 되므로 마군魔群이 애쓴다네.
     그곳은 전도된 길이 너무 많은 곳이라
     의심조차 끊어 내고 넘어서기 힘들다네.

162 더불어 한가롭기가 너무나 어려우니
     부처님이 오시기는 더더욱 어려워라.
     번뇌고의 강물은 벗어나기가 힘들고
     오호라 고통만이 끝없이 이어지누나.

163 그처럼 혹독한 고통 속에서도
     자신의 고통을 보지 못하는가.
     고통의 강물에 들어간 이들아
     오호라 슬픔에 젖어 드는구나.

164 예를 들어 어떤 이들은 목욕을 반복하며,
     그리고 또 반복해서 불 속으로 들어간다.
     이와 같이 혹독한 고통 속에 머물면서도
     스스로 행복한 듯 의기양양 그와 같은가.

165 그렇게 늙고 죽음이 없는 것처럼
     [함께] 행하면서 안주하던 이들도
     제일 먼저 죽음을 맞이하게 되니
     악취의 나락은 막을 수가 없구나.

166 그와 같이 고통으로 괴로운 불길을
     공덕의 자량 구름에 응집되어 있는
     자기 지복을 녹여낸 비로 적멸함에,
     나는 언제 그와 같이 될 수 있을까.

167 언제쯤 대상(所緣)을 분별하지 않는 방법으로
     [원행보리심의] 겸양한 공덕의 자량을 쌓으며
     대상(實有)에 대한 믿음으로 몰락한 이들에게
     [지혜 방편 합일의] 공성을 드러낼 수 있으랴.

※ 제9장은 명중당 최 로덴 선생님의 번역본임을 밝혀 둡니다.

제10장

회향품 廻向品

1 내가 '보살의 실천에 들어감(入菩提行)'을
   세분細分하여 지은
   이 책의 공덕으로 모든 중생이
   보살행에 들어가기를!

2 몸과 마음에 고통의 병으로 시달리는
   시방의 모든 중생
   이제 나의 복덕으로
   행복과 기쁨의 바다에 이르기를!

3 윤회가 끝날 때까지
   그들의 행복은 기울지 않고
   중생은 위없는 안락을
   끊임없이 항상 받기를!

4 이 세상의 모든 지옥
   그 어느 곳에 있든지
   몸 가진 이 누구나
   극락의 행복으로 기뻐하길!

5 보살의 커다란 공덕의 구름(功德雲)에서 내린
   한량없는 비로
   추위에 떠는 이는 따뜻함을 얻고
   더위에 시달리는 이는 시원함을 얻기를!

6　지옥의 날카로운 칼날의 숲은
　　즐거운 동산으로 변하고
　　철자림鐵刺林의 나무는
　　여의수如意樹로 변하기를!

7　백조와 금관조와 원앙이 노닐며 부르는
　　아름다운 노랫소리
　　향 그윽한 연꽃으로 덮인 호수
　　지옥의 구석구석에서 이 즐거움을 함께 누리기를!

8　숯불은 보석 더미가 되며
　　불타는 대지는 수정 바닥으로 바뀌고
　　중합지옥衆合地獄의 산도 공양의 무량궁無量宮이 되어
　　여래들이 머물기를!

9　타오르는 돌과 칼날의 비도
　　지금부터는 꽃비가 되고
　　서로 죽이는 칼싸움도
　　이제는 재미나는 꽃놀이로 변해지이다!

10　불이 타오르는 급류에 빠진 사람들
　　살은 무너지고 하얀 뼈는 하얀 연꽃의 색깔이로다.
　　나의 공덕의 힘으로 천상의 몸을 받아서
　　하늘 신들과 함께 사뿐히 내려앉아 머물기를!

11   어찌하여 여기는 염라의 옥졸과
      무서운 까마귀, 독수리를 두려워하는가?
      어둠을 몰아내고 우리에게 기쁨과 안락을 주는
      거룩한 힘은 누구의 것인가?
      위를 올려다보니 허공중에 빛나는
      금강수金剛手보살이 계심을 보고
      솟아나는 환희심의 힘으로 죄악에서 벗어나
      그와 함께 머물게 하소서!

12   향이 스민 꽃비가 내리어
      타오르는 지옥불이 조용히 꺼져 가는 것을 보고
      순간 안락으로 만족하며 '이것이 무슨 일인가' 하며 놀라는
      지옥의 모든 이가 관세음보살을 보게 하소서!

13   '친구들아, 두려움을 버리고 속히 오거라' 하며 소리치리니
      그 위신력으로 모든 고뇌는 사라지고 기쁨의 힘은 충만하네!
      모든 중생을 보호하려 자비의 보살 태어나셨네!
      빛나는 문수보살이 두려움을 가서 주는데 어찌 도망치리까?

14   당신의 보관을 쓴 수백의 신들은
      연화좌에 공양을 올리며
      눈물 젖은 연민의 눈을 갖춘 머리에는
      많은 꽃송이의 비가 내리고
      장엄한 누각에는 수천의 하늘 여신이

찬탄가讚歎歌를 부르며
이렇게 당신 문수보살을 보면서
이제 지옥중생에게 웃음소리가 흘러나오게 하소서!

15   이와 같이 나의 선근으로
보현보살과 제장애除障碍보살이 만든 안락의 구름에서
시원하고 감미로운 향香의 비가 내리는 것을 보면서
지옥 사람들이 모두 진실로 기뻐하기를!

16   축생은 서로서로 잡아먹히는
두려움에서 벗어나기를!
아귀는 북구로주北瞿盧洲의 사람처럼
안락을 얻기를!

17   관세음보살의 힘으로
손에서 흘러내리는 젖줄기로
아귀는 만족하고
몸을 씻고 항상 시원하기를!

18   장님은 사물을 보고
귀머거리는 항상 소리를 듣게 되고
마야부인 같은 산부들은
고통 없이 분만하기를!

19 헐벗은 이는 옷을 얻게 되며
    배고픈 이는 음식을 얻게 되고
    목마른 이는 물을 마시며
    감미로운 음료를 마시게 하소서!

20 가난한 이는 재물을 얻고
    슬픔으로 불행한 사람은 기쁨을 얻으며
    절망한 사람은 희망을 찾고
    항상 행복과 번영이 있기를!

21 병들고 아픈 사람은 누구나
    속히 병에서 벗어나고
    세상의 모든 병이
    다시는 발생하지 않기를!

22 겁쟁이는 두려움이 없는 사람이 되고
    포박된 이는 자유로워지고
    힘없는 이는 힘센 사람이 되며
    서로서로 친애하는 마음을 가지기를!

23 길 가는 모든 사람은
    그들이 가는 어느 방향이건 안락하고
    무슨 이유로 가든지
    노력 없이 성취할 수 있기를!

24 　배를 타고 항해하는 사람은
　　원하는 것은 무엇이나 얻고
　　안전하게 건너편에 도착하며
　　친척과 함께 기쁨을 나눌 수 있기를!

25 　길을 잃어 고통스러운 방랑자는
　　여행자 친구를 만나며
　　도둑이나 호랑이 등에 두려움이 없고
　　고생 않고 쉽게 갈 수 있기를!

26 　황량하고 길도 없는 곳에서
　　비참한 어린이와 노인과 의지할 곳 없는 사람
　　잠에 빠진 사람, 의식을 잃은 사람, 미친 사람에게
　　신들의 보호가 있기를!

27 　한가함이 없는 모든 상태에서 벗어나기를!
　　믿음과 지혜, 자비를 갖추고
　　풍족한 음식과 생활을 하면서
　　세세생생 깨어 있기를!

28 　허공의 보물창고처럼
　　모두에게 향유물享有物이 부족하지 않도록!
　　다툼이 없고 해침이 없으며
　　자유로움을 누리기를!

29   위엄이 적은 사람은 모두가
      큰 위엄을 갖춘 사람이 되고
      고생으로 추한 몸을 가진 이는
      아름답고 귀한 몸을 갖출 수 있기를!

30   세상의 모든 여인은
      남자로 태어나고
      비천한 사람은 높은 사람이 되며
      아만을 부숴 이긴 사람이 되기를!

31   내가 지은 이 공덕으로
      한 중생도 빠짐없이
      모든 악을 버리고
      항상 선을 행하기를!

32   보살심을 버리지 않고
      보살행에 전념하며
      부처님이 섭수하며
      마군魔群의 행을 버리기를!

33   이 모든 중생은
      오래오래 무량수無量壽를 누리길!
      항상 행복한 삶을 살고
      죽음이라는 말조차도 듣지 말기를!

34 여의수如意樹의 동산에서
    부처님과 보살의
    감미로운 법음이 울려 퍼지고
    모든 곳에 가득하기를!

35 모든 대지는 언제나 청정하고
    자갈 등이 없고 부드러우며
    손바닥같이 평평하고
    유리琉璃의 성품처럼 부드럽게 되기를!

36 법륜의 만달라가 있는 어느 곳이나
    많은 보살의 상서로움이
    대지 위를 장엄莊嚴하여 머물기를!

37 모든 몸 가진 중생에게
    새, 나무, 햇빛과
    허공까지도
    법음法音이 그치지 않고 들리게 하소서!

38 그들은 항상 부처님과
    보살들을 만나고
    무한한 공양의 구름으로
    중생의 스승들께 공양 올리기를!

39   천신은 때에 맞춰 비를 내리시고
      곡식은 풍성하게 여물고
      왕은 법에 맞게 다스리며
      세상 사람은 번창하기를!

40   모든 약초는 영험이 있고
      진언을 외우면 뜻을 이루고
      공행모空行母와 나찰 등은
      자비심을 지니기를!

41   중생은 누구나 고통이 없고
      두려움이 없고
      멸시를 당하지 않고
      항상 불안한 마음을 지니지 않기를!

42   절에서는 경을 읽고
      기도 소리는 널리 상서롭게 머물고
      승가는 항상 화합하며
      승가의 뜻 또한 이루어지기를!

43   공부하기를 원하는 비구들은
      고요한 곳을 얻어
      산란심을 다 여의고
      마음은 뜻대로 되어 명상하기를!

44   비구니는 풍족하며
      말다툼과 해를 끼치지 않으며
      계를 받은 모든 이는
      계율을 어기지 않기를!

45   계율이 성근 자는 부끄러워하며
      항상 죄를 참회하며
      선취를 얻은 뒤에도
      계의 행이 기울지 않기를!

46   현명한 자는 존경과
      청정한 탁발 또한 얻으며
      마음의 흐름을 완전히 맑히고
      사방으로 명성이 퍼져 나가기를!

47   악취의 고를 받지 않고
      힘든 고생은 사라지고
      신보다 더 좋은 몸을 지녀
      속히 부처의 몸 이루길!

48   모든 중생은 몇 번이고
      부처님께 공양을 올리며
      부처님이 헤아리는 안락으로
      항상 기쁨을 지니기를!

49   보살은 중생을 위한 마음으로
      뜻한 것을 다 이루게 하고
      구원자의 모든 뜻을
      모든 중생이 또한 받게 하소서!

50   이와 같이 모든 연각緣覺과
      성문聲聞은 안락하기를!

51   나 또한 문수보살의 은혜로
      환희지에 오를 때까지
      세세생생 깨어 있으며
      출가하게 하소서!

52   내가 먹는 음식도 검소하며
      열악해도 지탱하게 하시고
      모든 생을 적정처에서
      원만성취를 이룰 수 있도록!

53   어느 때든 뵙고자 할 때
      조그만 의문이 있을 때
      나의 스승 문수보살을
      장애 없이 친견토록 하소서!

54   시방의 허공 끝에 이르는
     모든 중생의 이익을 위하여
     문수보살이 행하신 것처럼
     저도 또한 그렇게 행할 수 있기를!

55   허공계가 다하고
     중생이 남아 있는 한
     저는 이 세상에 머물면서
     중생의 고통을 없애는 자로 남을지이다!

56   중생의 어떤 고통이든
     모두 나한테서 있기를
     보살, 스님들의 힘으로
     중생은 행복하게 살아지이다!

57   중생의 고苦를 치료하는 오직 한 가지 약이며
     모든 안락의 근원인
     부처님의 가르침은 이양利養과 존경으로
     오래오래 이 세상에 머물지이다!

58   지혜를 일깨워 주시는
     문수보살의 은혜에 절 올립니다.
     저를 항상 지켜 주시는
     선지식의 은혜에 절 올립니다.

샨띠데바의
입보리행론
入菩提行論 보살행에 들어가는 길

| 개정1판 1쇄 발행_ 2013년 4월 26일
| 개정2판 3쇄 발행_ 2024년 7월 10일

| 지은이_ 샨띠데바
| 옮긴이_ 청전
| 펴낸이_ 오세룡
| 편집_ 박성화 손미숙 여수령 정연주 윤예지
| 기획_ 곽은영 최윤정
| 디자인_ 고혜정 김효선 최지혜
| 홍보 마케팅_ 정성진
| 펴낸곳_ 담앤북스
　　　　서울특별시 종로구 새문안로3길 23(내수동) 경희궁의 아침 4단지 805호
　　　　대표전화 02)765-1251(영업) 1250(편집) 전자우편 dhamenbooks@naver.com
　　　　출판등록 제300-2011-115호
| ISBN 979-11-6201-054-9 03220

정가 14,000원